MARCHÉ FINANCIER OUEST-AFRICAIN

Introduction en bourse (IPOs), solution au développement des entreprises

Collection « Études africaines »

dirigée par Denis Pryen et son équipe

Forte de plus de mille titres publiés à ce jour, la collection « Études africaines » fait peau neuve. Elle présentera toujours les essais généraux qui ont fait son succès, mais se déclinera désormais également par séries thématiques : droit, économie, politique, sociologie, etc.

Dernières parutions

Hygin Didace AMBOULOU, *Code fiscal OHADA, 1e édition*, 2021.

Hygin Didace AMBOULOU, *OHADA. Le cadre juridique des investissements agricoles et la problématique de l'incohérence des politiques économiques*, 2021.

Jose DO NASCIMENTO, *La pensée politique de Cheikh Anta Diop*, 2021.

Ignace NDONGALA MADUKU et Job MWANA-KITATA, *Mots sur les Maux du Congo*, 2021.

Serge DEWEL, *Éthiopie, une histoire. Vingt siècles de construction nationale*, 2021.

Charles WOLA BANGALA, *Sommes-nous tous des descendants de Kimpa Vita ?*, 2021.

Jonas KOUAMBLA, Raymond K. KRA, *L'information foncière urbaine et la question de sa gouvernance en Côte d'Ivoire*, 2021.

Alphonse KISITO BOUH MA SITNA, *Techniques d'employabilité et de création d'entreprise au Cameroun*, 2021.

Jean-Yves ANÉZO, *La feuille et le vodou. La puissance du végétal dans la pratique religieuse des vodous africains*, 2021.

Joël LISENGA BOLILA, *Leadership politique et sous-développement en RD Congo. La ville de Kisangani et ses élites postcoloniales*, 2021.

Monique Aimée MOUTHIEU, *Le consommateur des technologies de l'information et de la communication en Afrique noire francophone*, 2021.

MEISSA M. LO

MARCHÉ FINANCIER OUEST-AFRICAIN

Introduction en bourse (IPOs), solution au développement des entreprises

L'Harmattan

5-7, rue de l'École-Polytechnique ; 75005 Paris

http://www.editions-harmattan.fr/

ISBN : 978-2-343-23209-6
EAN : 9782343232096

Liste des sigles et abréviations

AFD : Agence Française de Développement
AMF : Autorité des Marchés Financiers
APE : Appel Public à l'Épargne
BCEAO : Banque Centrale des États de l'Afrique de l'Ouest
BRVM : Bourse Régionale des Valeurs Mobilières
BOA : Bank of Africa
CFC : Casablanca Finance City
CREPMF : Conseil Régional de l'Épargne Publique et des Marchés Financiers
IFRS : International Financial Reporting Standard
IPO : Initial Public Offering
FSA : Financial Securities Authority
JSE : Johannesburg Stock Exchange
JET : Johannesburg Equities Trading
NASDAQ : National Association of Securities Dealers Automated Quotations
NYSE : New York Stock Exchange
NGSE : Nigerian Stock Exchange
GSE: Ghana Stock Exchange
NSE : Nairobi Stock Exchange
OHADA : Organisation pour l'Harmonisation en Afrique du Droit des Affaires
OPA : Offre Publique d'Achat
OPE : Offre Publique d'Échange
OPV : Offre Publique de Vente
PER : Price Earning Ratio
PME : Petites et Moyennes Entreprises
PIB : Produit Intérieur Brut
SEC : Securities Exchange Commission
SGI : Société de Gestion et d'Intermédiation
SICAV : Société d'Investissement à Capitaux Variables
SGI : Société de Gestion et d'intermédiation
SONATEL : Société Nationale de Téléphonie
SYSCOA : Système Comptable Ouest-Africain
TCP : Théorie du Comportement Planifié
TAR : Théorie de l'Action Raisonnée
UEMOA : Union Économique et Monétaire Ouest-Africaine
VAN : Valeur Actuelle Nette

PRÉAMBULE

Le financement dans une entreprise comme dans un État peut s'effectuer suivant deux modes, soit par des fonds internes à l'entité ou externes à celle-ci. La mondialisation a facilité depuis la deuxième moitié du XXe siècle le mouvement des flux financiers, ayant comme conséquence un choix de mode de financement des États et des grandes entreprises du monde orienté vers la dette (le financement par l'extérieur [banque, place boursière, fonds commun de placement]). Il est évident que les raisons d'un recours à un financement externe pour les entreprises diffèrent de celles des États. Mais, l'intervention sur les places boursières demeure le premier choix des acteurs cités plus haut. Au niveau des États, par exemple, c'est le moyen le plus souvent utilisé par les pays développés (ou émergents), lorsqu'ils veulent financer de grands projets. Il s'agit d'un espace financier qui voit intervenir différents acteurs (États, grandes entreprises, fonds d'investissement, etc.) et qui est souvent organisé de façon fonctionnelle (le marché de capitaux compartimenté par un marché monétaire et un marché des changes, marché boursier lui-même divisé entre celui des actions de sociétés et celui des obligations publiques et privées, etc.), temporelle (les marchés fonctionnent aujourd'hui 24h/24 et de plus en plus en temps réel), et enfin géographique (Europe, Amérique, Asie, Afrique).

Par ailleurs, on note une réelle corrélation entre le poids de ces places financières, et celui des différentes zones du monde où elles se situent. Le classement suivant des plus grandes places boursières du monde montre l'absence de l'Afrique ou de ses entreprises (New York avec 19 223 milliards de dollars, Nasdaq 6 831 milliards de dollars, London Stock Exchange 6187 milliards de dollars, Tokyo 4 485 milliards de dollars, Shanghai 3 986 milliards de dollars, Hong Kong

3 325 milliards de dollars, Euronext avec 3 321 milliards de dollars). Nous pouvons aisément constater ici que la part la plus importante des transactions financières qui s'opèrent dans les marchés et entre eux se passe en Amérique du nord, Europe, et Asie, autrement dit entre les pays développés appelés super puissances. Ces places boursières enregistrent d'importantes capitalisations comme nous pouvons le constater et donc une capacité de financement assez conséquente, pouvant attirer toute entreprise qui se trouve dans un état de besoin de financement et qui compte recourir à des types de financement autres que l'endettement bancaire.

Pourtant, le continent africain compte une vingtaine de places boursières, avec près de 2 000 entreprises cotées, avec des ressources incommensurables (gaz, pétrole, diamant, blé, or, etc.) échangées un peu partout dans le monde et une capitalisation boursière africaine qui ne représente environ que 2 % de la capitalisation mondiale. En 2014, le continent africain affiche aussi, avec l'Asie Pacifique, des taux de croissance plus importants qu'en Europe ou aux USA. Cependant, les marchés financiers sont encore en plein développement dans le continent, hormis la bourse sud-africaine “Johannesburg Stock Exchange Limited” qui a déjà atteint une maturité et la BRVM qui est vue comme l'une des plus dynamiques places boursières de ces cinq dernières années. Nous avons pu réaliser un classement qui résume les capitalisations boursières des différentes places boursières émergentes du continent africain :

Places boursières	**Capitalisation boursière**
L'Afrique du Sud : Johannesburg Stock Exchange (JSE)	533 milliards de dollars (USD).
L'Égypte : Bourse d'Égypte (EGX)	71 361 milliards de dollars (USD).
Le Nigéria : Nigeria Stock Exchange (NGSE)	59 029 milliards de dollars (USD).
Le Maroc, la Bourse de Casablanca	49 869 milliards de dollars (USD).
Le Kenya : Nairobi Stock Exchange (NSE)	25 503 milliards de dollars (USD).
BRVM : Bourse régionale des Valeurs Mobilières (Bénin, Burkina Faso, Guinée-Bissau, Côte d'Ivoire, Mali, Niger, Sénégal et Togo.)	11 203 milliards de dollars (USD)

Dans ces places financières africaines, on peut y retrouver quelques filiales de multinationales telles que Danone, Unilever, Total, Société Générale, China State Construction and Engineering Corporation (société chinoise de BTP), Bouygues, Exxon Mobil, Chevron, Shell, Randgold Ressources, Air Liquide, etc.

Des études ont permis de noter que de nombreuses sociétés de gestion d'actifs investissent dans des sociétés africaines à potentiel rendement. De plus, un nombre important de fonds communs de placement ont été créés, notamment par KKR, Franklin Templeton, Nordea Investment Funds S.A, LFPI Asset Management, JPMorgan Asset Management ou Swiss & Global Asset Management.

Mais aussi, la Chine, qui depuis un certain temps est vue comme désormais la première puissance économique, est implantée en Afrique. Son importante croissance a poussé les investisseurs chinois à trouver d'autres relais de croissance, ce qui expliquerait le choix de l'Afrique et les investissements dans le secteur des matières premières (agriculture, pétrole, mines). Cela leur a permis de bénéficier d'un positionnement stratégique. Et par conséquent, ils apportent de remarquables flux de capitaux en Afrique. Ce pays est aujourd'hui présenté comme le premier investisseur en Afrique. Qu'est-ce qui expliquerait alors cette difficulté des bourses africaines à s'imposer par rapport aux autres ? S'agit-il d'un problème d'organisation des marchés financiers ? La cause serait-elle liée à une faible introduction en bourse des entreprises africaines ? Si oui, les conditions favorables à une importante introduction en bourse existent-elles dans ces places boursières africaines ? Ces questions nous amènent à mener une étude sur les conditions posées par les bourses jugées aujourd'hui dynamiques et qui facilitent aux entreprises une introduction réussie sur les places boursières.

L'enjeu principal des entreprises nationales comme internationales réside dans la recherche de financement. Les banques sont restées pendant longtemps le seul interlocuteur des entreprises, exigeant des états financiers solides. L'entreprise dans ce cas a le choix et peut s'autofinancer sans avoir recours à des sources de financement externes. Une source alternative de financement vit le jour afin de diminuer le pouvoir de négociation des intermédiaires financiers : il s'agit là des marchés financiers par appel public à l'épargne.

Elle se définit selon le code monétaire et financier par les opérations suivantes :

- L'admission d'un instrument financier aux négociations sur un marché réglementé ;
- L'émission ou la cession d'instruments financiers dans le public.

Afin d'accéder à ces marchés des capitaux, l'entreprise est tenue de réaliser une introduction en bourse, une IPO (en anglais), qui consiste à placer sur le marché financier les titres de l'entreprise. Si les titres sont créés pour l'occasion, on parle d'une introduction en bourse par augmentation de capital. Et lorsqu'aucun nouveau titre n'est créé, il s'agit dans ce cas d'une introduction en bourse par cession de titres.

Mes recherches nous ont montré que pour réussir une IPO, les entreprises font face à des exercices mis en place afin de protéger les investisseurs donc dans le but d'en attirer le maximum. De ce fait, l'organisation et la normalisation des marchés financiers se présentent comme les bases d'un marché efficient qui enregistre d'importantes IPO. Nous pouvons noter que les conditions d'introduction en bourse nécessitent une amélioration ou une réforme afin de permettre aux différentes entreprises locales comme internationales d'y être cotées. Ce processus de formalisation et d'amélioration des conditions d'introduction en bourse pourrait représenter le facteur clé de succès d'un marché efficient, dynamique, précisément pour les places boursières africaines pas encore matures et qui empruntent la voie de l'émergence.

PARTIE 1

LES INITIAL PUBLIC OFFERING (IPO) POUR UN DÉVELOPPEMENT DES ENTREPRISES AFRICAINES

1. Les introductions en bourse nécessitent un formalisme précis dans un marché efficient

L'information constitue pour le décideur une clé importante pour faciliter son choix. Sur les marchés financiers existent plusieurs décideurs : les teneurs de marchés, les investisseurs, les organismes de contrôles, etc. Sur ce, ces acteurs sont soumis à diverses obligations quant aux informations qu'ils fournissent au marché, des données jugées par certains théoriciens comme les stimulateurs des actions des individus sur le marché. La maîtrise de cette information se veut donc importante tant pour les marchés financiers que pour les entreprises qui décident de s'y coter, puisque c'est une condition sine qua non pour s'introduire dans une bourse. Il s'agit là d'informations financières qui renseignent suffisamment sur la santé financière de l'entreprise et permettent aux différents intervenants lors d'une cotation boursière d'apprécier le prix d'introduction ou d'acquisition des titres de l'entreprise.

La divulgation volontaire représente pour l'entreprise un important moyen de tenir les investisseurs et les marchés financiers informés de sa performance. Elle attire les investisseurs étrangers, stimule les entrées de capitaux, contribue au bon fonctionnement de leurs marchés boursiers et donne l'élan requis pour la croissance économique de ces pays en développement.[1]

[1] Ces thèses ont été défendues par deux théoriciens, à savoir : Ndubizu 1992 ; Kang et Gray, 2011

En France, l'Autorité des Marchés Financiers (AMF) a encadré cette communication nécessaire lors d'une introduction en bourse. Cette communication est vue de différentes manières selon le type d'entreprise qui s'introduit en bourse. Car en amont de l'introduction, une communication au marché financier s'avère importante et primordiale et se réalise avec la discrétion totale de l'émetteur. Une telle communication est rare en pratique. Cette action de divulgation d'informations doit être perçue ici comme un acte préalable à l'obtention d'une autorisation, autrement dit un visa.

1.1. Les conditions d'un marché efficient en termes d'informations financières

Pour un formalisme précis dans la démarche de l'Initial public Offering sur le marché, la réglementation boursière fixe un contenu et des modalités d'une communication qui incombe à l'émetteur, précisément la diffusion d'un document de base et d'une note d'opération. Le premier document, qui représente le document de base, doit contenir l'ensemble des informations relatives aux instruments financiers dont la cotation est demandée et doit être déposé chez l'autorité des marchés financiers dans un délai précis avant l'obtention du visa d'introduction. Le second document, à savoir la note d'opération, comprenant aussi un résumé, est diffusé après que l'AMF ait rendu publics le document de base et l'avis d'enregistrement. Cette note d'opération contiendra toute nouvelle information susceptible d'affecter l'évaluation des investisseurs sur le marché.

Les études nous permettent de dire que cette même démarche est observée lorsqu'une introduction en bourse est envisagée dans le cadre de la bourse américaine. Un enregistrement obligatoire des titres (Securities) auprès de la SEC (Securities Exchange Commission), équivalent de l'AMF, doit être réalisé par l'émetteur.

En sus, des reportings sur le plan comptable et financier doivent obligatoirement être communiqués, de la même façon que si l'entreprise désireuse d'entrer en bourse était déjà cotée. Les mêmes exigences attendues de la part des entreprises cotées lui sont appliquées. [2]

---

[2] Tiré d'un livre publié en 2011 : https://books.google.fr/books

Il est ainsi aisé de comprendre ces exigences, à savoir la diffusion de ces rapports ou documents financiers aux autorités boursières des marchés financiers du monde, puisque ces informations seront rendues publiques en vue de fournir à l'investisseur potentiel tous les moyens et outils utiles à sa prise de décision. Toute introduction en bourse dans un marché financier nécessite une procédure encadrée définie et supervisée par les autorités de contrôles mises en place. Ce souhait de transparence, c'est à dire la divulgation d'informations par l'entreprise émettrice, est formalisée par le règlement général des entités financières de contrôles dans les marchés financiers mondiaux : la SEC, l'AMF, la FSA (*Financial Servicies Authority*) en grande Bretagne, l'Autorité marocaine des marchés de capitaux, FSB (*Financial Services Board*) en Afrique du Sud et le CREPMF (Conseil Régional de l'Épargne publique et des Marchés Financiers) en Afrique de l'Ouest pour ne citer que cela. À titre d'exemple, la SEC (l'organisme régulateur américain) a recommandé une action en justice contre la société française Business Object (cotée sur le premier marché et sur le NASDAQ) pour ne pas avoir publié son carnet de commandes non livrées.[3]

Cette organisation des initial public offering peut effectivement mettre en exergue de petites différences selon la place boursière dans laquelle la cotation s'effectue. Les places boursières essaient de s'adapter de plus en plus aux réalités financières, aux conjonctures économiques du temps pour mieux encadrer ces IPO. Ce pour quoi nous pouvons comprendre la logique de la création de sous-compartiments dans certaines places boursières afin de permettre à certaines entreprises d'y émettre en fonction de leur taille et leur capacité à faire face à certaines exigences notées sur les principales places boursières.

À titre d'exemple, on peut citer l'Alternext, nouveau compartiment de marché de l'Euronext Paris (marché financier européen) regroupant des Petites et Moyennes Entreprises (valeurs de petite capitalisation) de tous les secteurs d'activité sur la zone euro. Il s'agit là d'un espace

[3] Exemple tiré de : *Introduction en bourse, quelles stratégies pour l'entreprise candidate*, de Patrick SENTIS.

financier qui donne l'accès aux PME à la cotation en bourse en finançant leur développement[4].

Nous observons ci-dessous deux tableaux résumant les conditions notées lors des introductions en bourse. (Voir aussi Annexe 4)

Comparaison entre la procédure de cotation sur l'Euronext et l'Alternext

RÉSUMÉ DES CONDITIONS D'INTRODUCTION

	NYSE Euronext	NYSE Alternext	
Critères et conditions	Offre au Public *Hors Compartiment Professionnel**	Offre au Public Accès aux investisseurs qualifiés et particuliers	Placement Privé Accès seulement aux investisseurs qualifiés
Distribution minimum	25% du flottant ou 5% représentant au moins 5m€	2.5m€	2.5m€ / 1 an (3 investisseurs minimum)
Historique Financier	3 ans d'états financiers certifiés	2 ans d'états financiers certifiés à minima	
Normes Comptables	IFRS	Normes comptables domestiques - France, Belgique, Portugal, Pays-Bas ou IFRS	
Intermédiaires Financiers	Listing Agent	Listing Sponsor	
Visa du Régulateur	Obligatoire	Obligatoire	Non Requis
Documentation	Prospectus	Prospectus	"Offering Circular" approuvé par NYSE Euronext

Source : https://www.enternext.biz/fr/enternext/

[4] Il faut noter que les exigences sont limitées en matière d'historique de bilan, de volume de placement et de publications de résultats, lorsqu'on est candidat à la cotation dans ce compartiment.

RÉSUMÉ DES OBLIGATIONS DÉCLARATIVES

		NYSE Euronext	NYSE Alternext	
		Offre au Public *Hors Compartiment Professionnel**	**Offre au Public** Accès aux investisseurs qualifiés et particuliers	**Placement Privé** Accès seulement aux investisseurs qualifiés
Obligations	**Informations Financières**	• Rapports financiers annuels audités et semestriels audités (IFRS) • CA trimestriel • Information sensible sur le cours	• Rapports financiers annuels audités et semestriels non audités • Information sensible sur le cours	
	Franchissements de seuils	Pour la France : 5%, 10%, 15%, 20%, 25%, 33%, 50%, 66% 90% et 95% du capital et/ou des droits de votes Pour la Belgique : 5%, 30 %, 50%, 75% et 95% du capital et/ou des droits de votes	Pour la France : 50% et 95% du capital et/ou des droits de votes Pour la Belgique : 5% du capital et/ou des droits de votes	
	Régime des Offres Publiques d'Achat	Oui	Oui	
	Déclaration des transactions du management	Oui	Oui	

Source : https://www.enternext.biz/fr/enternext/

« Sans marchés financiers efficients, notre économie perd tout dynamisme, parce que de nombreuses entreprises n'ont alors plus accès aux ressources financières nécessaires au développement de nouvelles initiatives », dixit Rudi Thomaes (Secrétaire général de l'International Chamber of Commerce Belgique). Cette efficience des marchés visée par les différents acteurs est liée aux informations divulguées par ces derniers, particulièrement par les entreprises émettrices qui poussent les investisseurs sur cette base à agir sur les marchés.

Un marché est dit efficient lorsque les prix intègrent l'ensemble des données disponibles. Nous avons noté trois formes d'efficience pour définir « information disponible ». En premier lieu, nous distinguons l'efficience faible : l'information contenue dans les prix de marché passés est reprise par les prix des actifs. L'efficience semi-forte, quant à elle, représente les informations publiques qui sont complètement prises en compte par les prix. Et enfin, l'efficience forte correspond à toutes les informations disponibles, publiques comme privées, prises en compte.[5]

Plusieurs thèses ont été avancées concernant l'action des acteurs sur le marché et l'information financière qui y est transmise. Les recherches nous ont permis de comprendre la TCP (Théorie du Comportement Planifié), une évolution de la théorie de l'action raisonnée (TAR) développée par deux théoriciens, Fishbein et Ajzen, en 1975. Cette dernière se base sur l'hypothèse que les êtres humains sont assez rationnels, utilisent de façon systématique l'information dont ils disposent et considèrent les implications de leurs actions avant qu'ils ne décident de s'engager ou non dans un comportement donné. Donc, sur la base d'un certain nombre de réflexions, analyses et attentes par rapport au dit comportement, les individus développent l'intention de l'adopter ou de le rejeter. Par ailleurs, d'après la TAR ainsi que la TCP, les individus ont tendance à opérer conformément à leurs intentions, donc selon le fait qu'ils ont la volonté d'agir sur le marché ou pas lorsqu'une émission de titres est annoncée.

Par contre la TCP ajoute que ces comportements se veulent souvent partiellement évolutifs (Ajzen, 1991), dans le sens où un comportement ne dépend pas seulement de la motivation de la personne agissante. Il résulte également de facteurs non motivationnels et objectifs favorisant ou au contraire empêchant l'exécution de l'action.

Autrement dit, ceci explique pourquoi dans certains marchés financiers les procédures d'introduction en bourse poussent les candidats à cet exercice à se montrer souvent réticents ou incapables d'agir. Nous comprenons alors l'importance des informations diffusées sur les places boursières et qui concernent les entreprises candidates à un Initial Public

Offering. C'est sur la base de ces informations que les investisseurs décideront, sous le coup de l'influence ou de la motivation, peu importe, il faut juste noter qu'ils apprécieront la nécessité ou pas de participer au capital de cette entreprise et là ils détermineront la réussite ou l'échec de l'introduction en bourse. Ce rôle prédominant

[5] Cette analyse est issue de notes de cours sur l'ingénierie et la communication financière de Michel LEROY (professeur à Esam Paris)

de l'information financière dans le processus d'introduction en bourse fait qu'elle est gérée de façon subtile tant par les entreprises candidates que par les autres acteurs du marché financier, la banque d'investissement, le cabinet de fiscalité, les teneurs de marchés, etc. Les banques d'investissement qui accompagnent les entreprises dans ce type de processus traitent avec prudence et diligence toutes les informations relatives à l'entreprise et susceptibles d'avoir un impact positif ou négatif, avant et pendant l'introduction en bourse. Comme nous l'avons démontré un peu plus haut, toutes les actions sur les marchés financiers sont influencées par les informations liées aux entreprises ou le secteur dans lequel elle se trouve, les acteurs du marché se voient alors imposer une exigence relative à la compréhension et la maîtrise de ces informations.

1.2. Le nécessaire formalisme des IPO, sur toutes les places boursières

Ces recherches nous poussent à affirmer que les différentes places financières du monde présentent chacune des spécificités notamment en ce qui concerne les IPO. Les procédures d'introduction en bourse diffèrent d'une place financière à une autre, il serait donc difficile d'étudier tous ces marchés et leurs différents critères. « Le point commun à l'ensemble des critères des marchés financiers mondiaux est de s'appliquer à la taille de l'entreprise, son secteur d'activité et son ancienneté », dit Patrick Sentis, dans *Introduction en bourse, quelles stratégies pour l'entreprise candidate*.

L'introduction en Bourse sur le premier marché français nécessite que l'entreprise candidate fasse preuve d'au moins trois années d'existence et d'une capitalisation boursière proche du milliard d'euros. Par contre, cette dernière contrainte n'est pas exigée par la réglementation française sur le marché financier, car relevant de l'ordre informel.

Selon Patrick Sentis toujours, au cours de la période récente, les secteurs émergents, tels que les hautes technologies, l'internet et la biotechnologie, ont poussé certains marchés à passer à la création et l'expansion de marchés de valeurs high-tech. Il faut aussi noter que dans certains marchés (Canada, États-Unis, Japon), les critères imposent surtout de justifier une rentabilité sur les années précédant l'introduction. Une exigence qui semble exclure de fait les PME, PMI ou les start-ups sur ce type de marché, puisqu'en ce qui les concerne, de par leur cycle de vie (phase de lancement, de croissance et de maturité), il en résulte la légitime difficulté de présenter une rentabilité dès la première ou deuxième année d'exercice. Par exemple, aux USA, l'introduction sur le NYSE nécessite un historique de résultat positif sur les trois années qui précèdent l'introduction. Ce formalisme demande alors chez les entreprises candidates à une introduction en bourse un profond ajustement structurel sur tous les plans (juridique, comptable, humain, etc.). En sus des procédures formelles exigées aux entreprises, un coût élevé de l'introduction en bourse est souvent soulevé par les théoriciens. Cette introduction coûteuse s'explique par l'intervention de plusieurs acteurs clés dans le processus, conformément aux exigences des places boursières, et la complexité de s'y faire coter.

L'initial public offering fait intervenir, sur la plupart des marchés, trois protagonistes : l'entreprise elle-même candidate à l'introduction en Bourse ; les investisseurs dont la souscription aux titres est sollicitée ; l'intermédiaire-introducteur par lequel elle doit obligatoirement passer pour l'admission de ses titres à la cotation. Selon ces études, ce dernier acteur prend 5 à 10 % des fonds qui sont levés. Le choix de cet intermédiaire (et des diligences à mettre en œuvre) peut conduire à alourdir ou même alléger le coût de l'IPO. À cela s'ajoutent les coûts provenant de la publication d'informations, de l'animation du titre et des prestations des intervenants spécialisés dans le processus, qui peuvent apparaître prohibitifs. Ceci semble expliquer la réticence de certaines entreprises quant à la question de se coter dans des places boursières domestiques ou étrangères. Par exemple, ABN-Amro, banque néerlandaise, avait pris la décision de retirer ses actions ordinaires dans six Bourses étrangères, tout en maintenant sa cotation sur Euronext et le NYSE.

Cette analyse des marchés financiers mondiaux nous amène à dire que les introductions en bourse requièrent un véritable formalisme sur les grandes places boursières. Ce formalisme ne semble pas exister dans tous les marchés financiers mondiaux. Serait-il à l'origine du retard de certaines places financières par rapport aux autres ? Plusieurs études réalisées montrent de nombreux obstacles notés dans le processus d'introduction en bourse, surtout dans les places boursières africaines. À l'image des autres marchés financiers, ceux de l'Afrique présentent des spécificités économiques, culturelles et politiques qui expliqueraient ce retard accusé par ces bourses africaines. Ces pays affichent des poids économiques faibles par rapport aux autres. Cet écart économique est la conséquence de l'application de politiques inadaptées ou un défaut de gestion des ressources locales qui pouvaient les propulser économiquement, car demeurant un continent riche en ressources naturelles (gaz, pétrole, etc.) qui constituent les principaux produits échangés sur les places boursières. À cela s'ajoutent un cadre réglementaire inadapté, un secteur bancaire qui faillit à sa mission d'intermédiation, des marchés de capitaux insuffisamment développés et un manque notoire d'instruments financiers innovants. Concernant le cadre réglementaire, ce continent enregistre un secteur bancaire et des taux d'intermédiation extrêmement bas, une méthode d'enregistrement des garanties inefficaces. Tout ceci explique alors les obstacles à l'accès des entreprises aux marchés financiers. Partant de ce constat, une amélioration du cadre réglementaire appliqué sur ces places boursières semble cruciale. S'agissant des marchés de capitaux, insuffisamment développés et liquides, la nécessité de mettre en place une politique financière visant à résoudre ce problème de liquidité est primordiale, car ici réside tout simplement le premier frein pour l'entreprise qui prévoit de se coter sur une place boursière. De plus, il persiste un manque considérable d'instruments financiers innovants qui peuvent attirer ou intéresser les entreprises, donc il s'agit là d'une inadéquation des services financiers par rapport aux besoins des entreprises qui veulent entrer en bourse, ou se faire financer sur les marchés financiers. Ces goulots d'étranglement apparaîtraient comme étant les principaux freins au développement des IPO en Afrique. Et pourtant, on constate que malgré de nombreuses introductions en bourse ces dernières années, à l'image des places financières développées, l'application de mesures d'ordre juridico-réglementaire, financier et bancaire semble être une urgence afin d'encourager cette croissance des marchés financiers africains.

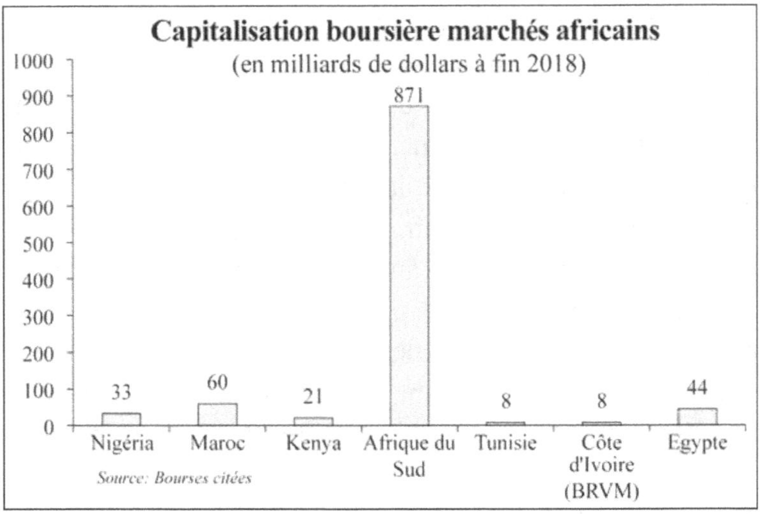

Source : https://www.leconomiste.com

Classement des performances des principales bourses africaines

Marchés	Index	Valeur	Variation Annuelle Local % chg	USD % chg	EUR % chg
BRVM COMPOSITE	BRVM-CI	303.93	17,77	2.77	17.90
Botswana	BSE DCI	10 602.32	11.58	-5.49	5.33
Afrique du Sud	JSE ASI	50 693.76	1.85	-23.81	-15.23
Tunisie	TUNINDEX	5 042.16	-0.94	-9.68	1.01
Maroc	MASI	8 925.71	-7.22	-15.60	-5.57
Kenya	NSE ASI	145.70	-10,55	-20.78	-11.75
Ghana	GSE-CI	1 994.91	-11.77	-25.45	-16.98
Maurice	SEMDEX	1 811.07	-12.67	-22.65	-13.79
Nigéria	NGSE ASI	28 642.25	-17.36	-24.20	-15.40
Egypte	EGX 30	7 006.01	-21.52	-28.28	-20.12

Source : African-markets.com

Source : https://www.African-markets.com

Mais aussi, on peut noter de plus en plus une politique de refondation des systèmes financiers, des institutions, afin de les rendre solides et prôner la protection des droits de propriété et des consommateurs. Pour ce faire, en Afrique du Sud comme dans certains États maghrébins, des lois relatives à l'exécution des contrats et la gouvernance d'entreprise ont été menées dans le but de rendre ces places boursières propices aux cotations des entreprises, quelle que soit leur taille. Des études ont également montré que l'environnement réglementaire et le coût de l'exercice d'une activité freinent l'élan des progrès de ces marchés financiers, raison pour laquelle des experts en Afrique, comme Karim Dahou et Haibado Ismaël, avancent l'idée selon laquelle les gouvernements devraient faciliter la création d'agences de renseignements financiers qui pourraient fournir un historique de renseignements et moult informations aux établissements financiers sur les entreprises candidates.

Fort de cette vision, en plus des politiques que devraient mener les États et institutions financières afin d'encourager les cotations boursières sur les marchés financiers africains, nous soulignons un impératif d'harmonisation des mécanismes d'introduction qui faciliterait encore plus aux entreprises candidates leur initial public offering (IPO). Cette nécessité de formaliser la cotation sur les places boursières est constatée tant sur la bourse de Johannesburg, qui concentre le plus d'entreprises cotées (voir graphique ci-dessus, soit prés de 871), qu'en Afrique de l'Ouest (BRVM) et du Nord (Bourse de CASA) qui enregistrent d'importantes capitalisations boursières. Une différence nette est observée entre ces mécanismes et ceux appliqués sur les marchés européens. Ces derniers présentent un système de cotation où les banques introductrices orchestrent le processus d'introduction.

Elles mettent en relation l'entreprise candidate avec les autres parties prenantes : autorités de marché, agences de communication, entreprises d'investissement, commissaires aux comptes et conseils juridiques ; elles sont également chargées de placer les titres auprès des investisseurs. Ce travail est réalisé sur la base d'un contrat. Dans ce contrat de placement pour compte, communément appelé *best effort contract*, les banques ont une obligation de moyens. Quand le placement est garanti (*firm commitment*), elles s'engagent à acquérir les titres non placés et à assurer la bonne fin du processus d'introduction. Ce sont ces banques introductrices qui centralisent les ordres et par la suite elles répartissent les titres entre les investisseurs. Elles se regroupent aussi en syndicat pour les opérations qui sont jugées importantes et qui peuvent impacter l'économie d'un état ou d'une région.

Selon Chachine et Torstila, ces banques introductrices reçoivent en Europe des commissions qui équivalent en moyenne à 7 % des fonds levés. Ils jugent que cela peut freiner certaines entreprises qui envisageraient de se lancer dans le processus de cotation en bourse.

Et lorsque la société se trouve juridiquement et comptablement prête à être admise à la cote, elle se met d'accord avec la banque introductrice sur les conditions de l'offre. Ceci est le processus de détermination de l'origine, le nombre de titres offerts (qui peuvent être d'anciens ou de nouveaux selon le fait que l'entreprise a choisi une augmentation du capital ou que les actionnaires cèdent une partie de leurs titres) et le prix d'introduction.

Le prix d'introduction est déterminé par une première évaluation de l'entreprise. Emmanuel Boutron et Jean-François Gajewski nous expliquent, dans *Les procédures d'introduction en Bourse en Europe : évolution des pratiques et perspectives*, que cette valeur est ensuite décotée de 10 % à 20 %, compte tenu de l'état du marché au moment de l'introduction en Bourse et du secteur d'activité de l'entreprise. Ils ajoutent que ce prix final est décidé à l'issue de négociations parfois difficiles entre la banque introductrice et la société, et selon des modalités propres à la procédure d'introduction retenue.

D'une manière générale, les mécanismes de cette première cotation ont été délégués directement aux banques d'affaires, donc elle n'est pas gérée par les bourses en Europe. On a pu noter trois grands types de mécanismes d'introduction : l'offre à prix ferme, les enchères et la méthode du livre d'ordres ou placement.

Emmanuel Boutron et Jean-François Gajewski nous expliquent que quand la demande excède l'offre, se pose la question des critères d'allocation des titres, c'est-à-dire de réduction des ordres soumis.

Concernant les investisseurs particuliers, des règles explicites sont appliquées et trois solutions sont envisageables : l'élimination des ordres excessifs ou des petits ordres (ceux pour lesquels les frais de vente excéderaient l'éventuelle plus-value de cession), la réduction de tous les ordres au prorata du pourcentage de sursouscription ou de la quantité demandée et le tirage aléatoire. Pour les investisseurs institutionnels, l'allocation peut demeurer à la discrétion de la banque introductrice. (Source : *Procédures d'introduction en Bourse en Europe : évolution des pratiques et perspectives*)

L'offre à prix ferme (OPF) est aussi appelée fixed-price offering qui est désignée par offer for subscription at fixed price (offre de suscription à prix fixe) pour une émission de nouveaux titres ou offer for sale at fixed price (offre de vente à prix fixe) quand seuls des titres anciens sont cédés, en Angleterre.

Dans ce cas, si la sursouscription est appliquée comme l'expliquent Emmanuel Boutron et Jean-François Gajewski, cela risque de pousser la bourse à annuler cette offre et à relancer l'offre à un prix supérieur.

Concernant **les enchères**, l'introduction est réalisée avec émission de titres nouveaux ou sans et par l'annonce d'un prix minimal. Par la suite, les investisseurs, particuliers ou institutionnels, soumettent des ordres à cours limité, mais supérieur au prix minimum. Dans ce mécanisme, il y a l'action du commissaire-priseur, qui peut être l'entreprise de marché en France et en Turquie ou la banque introductrice dans les autres pays européens, qui fixe le prix d'introduction définitif au regard du carnet des souscriptions (*Les procédures d'introduction en Bourse en Europe : évolution des pratiques et perspectives*).

La méthode du livre d'ordres ou placement

Cette méthode est appelée book-building aux États-Unis, *placing* au Royaume-Uni, et placement en France. Elle vise les investisseurs institutionnels. D'abord, après avoir obtenu le visa de l'organisme régulateur, la banque introductrice présente une fourchette de prix. Ensuite après l'obtention du visa de l'organisme régulateur, elle ouvre un livre d'ordres dans lequel sont recueillies les intentions d'achat des investisseurs, et enfin fixe le prix définitif et répartit les titres entre les investisseurs de façon discrétionnaire.

Regardant ce type de processus d'introduction en bourse, il est aisé de constater quelques similitudes entre les marchés financiers européens et ceux de l'Afrique, mais également un écart considérable qui expliquerait le retard des bourses africaines par rapport aux autres.

La BRVM présente, comme sur certaines places boursières, deux principaux compartiments : le compartiment Actions et le compartiment Obligations. Le compartiment des actions, avec deux sous-compartiments, a une division réalisée en fonction de la taille des entreprises candidates et de la portion des titres qu'elles décident de diffuser.

L'Euronext, la BRVM et la bourse de Johannesburg présentent quasiment les mêmes techniques de cotation avec les ordres à cours limité, le gré à gré et le fixing, mais avec un mode de cotation entièrement informatisé.

Dans la Johannesburg Stock Exchange, on y pratique le négoce électronique à travers le système de JET (*Johannesburg Equities Trading*). Le système utilisé est un ordre axé sur un système commercial automatisé acquis de la Chicago Stock Exchange, qui a mis en place ce type de système dans plusieurs autres bourses dans le monde.

Il a été modifié en fonction des besoins spécialisés à la JSE. Le carnet de commandes, comme dans la plupart des bourses européennes, est organisé sur le principe du « prix/temps ». Le JET système a noté d'importantes améliorations dans la transparence, la formation des prix de liquidité et de coût des échanges. Ce qui explique sans doute la réussite de cette bourse par rapport aux autres marchés financiers africains. La nécessité d'un vrai formalisme sur les marchés financiers africains est réelle, mais celui-ci doit s'appuyer sur les réalités économiques et le climat des affaires observés dans ces États qui sont pour la plupart en voie de développement ou émergents. En analysant ces diverses places boursières et les mécanismes de cotation qui y sont appliqués, nous pouvons en conclure qu'il n'existe pas de différence majeure en ce qui concerne le processus d'initial public offering, et pourtant les cotations sont davantage concentrées dans une zone spécifique du monde. Serait-il lié à un manque de liquidités dans certaines zones, ou à une insuffisance d'instruments financiers adaptés ? Cette question nous amène à réaliser un focus sur les processus d'intégration des marchés et d'adaptation des instruments financiers mises en œuvre sur certains marchés financiers afin d'accentuer les introductions en bourse sur les places boursières.

Carte des Pays Membres de L'UEMOA

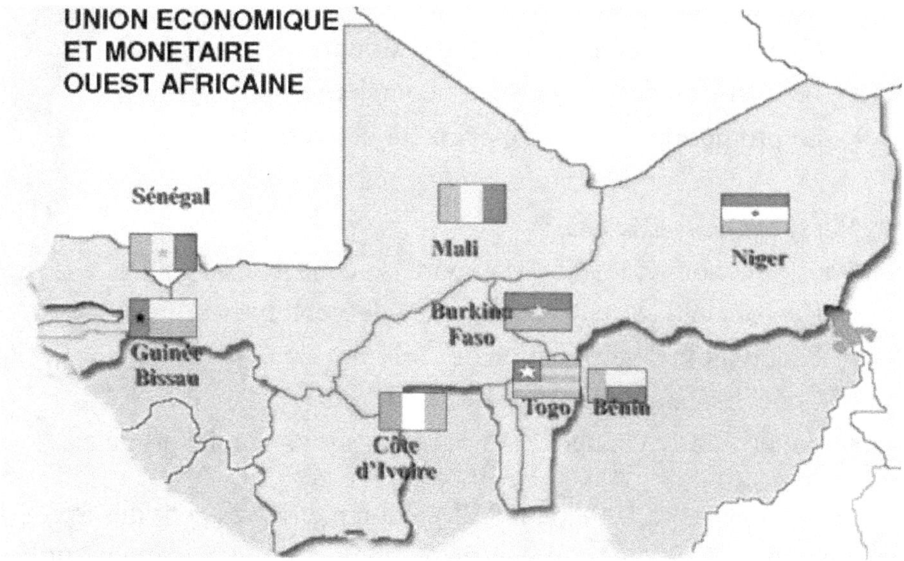

1.3. Les introductions à la bourse régionale des valeurs mobilières (BRVM)

a. Présentation de la BRVM

La BRVM a été créée le 18 décembre 1996 à Cotonou. Régie par le conseil régional de l'épargne publique et des marchés financiers, cette institution est une société anonyme concessionnaire d'un service public. Son capital s'élève à 3 080 000 000 francs CFA, soit environ 4 695 423,69 euros détenus par les institutions régionales, des personnes physiques, des personnes morales et les États membres de l'UEMOA.

La BRVM est une bourse électronique construite sur la base d'un site central localisé à Abidjan en Côte d'Ivoire, relié à des Antennes nationales de Bourses situées chacune dans les États membres de l'UEMOA. Grâce à cette structure, une égalité d'accès à l'information est permise dans chacun de ces pays.

Représentation Système de Négociation

Les principales missions de la BRVM sont, en plus de la centralisation et du traitement des ordres de bourse transmis par les Sociétés de Gestion et d'Intermédiation (SGI) :

- L'organisation du marché boursier ;
- La cotation et la négociation des valeurs mobilières ;
- La diffusion des informations boursières ;
- La promotion et le développement du marché.

Missions de la BRVM

Dans l'économie, la BRVM apporte sa contribution en :

- Renforçant la structure financière de l'entreprise ;
- Facilitant la détermination des prix ;
- Contribuant à la visibilité de l'entreprise ;
- Favorisant l'échange des titres émis sur le marché primaire.

Le 16 septembre 1998, la BRVM a commencé ses activités avec 34 valeurs admises à la côte. Le système de cotation actuellement utilisé est la cotation continue.

Les Indices de la BRVM

Un indice est un indicateur ou une mesure et, en finance, il fait généralement référence à une mesure statistique du changement sur un marché des valeurs mobilières. En d'autres termes, les indices sont des baromètres des marchés.

À la BRVM, les deux indices représentent l'activité des titres du marché des actions :

- Le « BRVM COMPOSITE » est constitué de toutes les valeurs admises à la côte ;
- Le « BRVM 10 » est composé des dix sociétés les plus actives du marché.

La détermination des critères de sélection du BRVM COMPOSITE et du BRVM 10, de même que leur formulation, s'inspire des principaux indices boursiers du monde, tout particulièrement de l'indice FCG, de l'international Financial Corporation : société affiliée à la Banque Mondiale.

La formule des indices tient compte de la capitalisation boursière, du volume de transactions par séance et de la fréquence des transactions. En outre, seules les actions ordinaires sont retenues pour le calcul des indices.

Par ailleurs, la notion de liquidité occupe une place fondamentale dans la sélection des valeurs composant l'indice BRVM 10. En effet pour chacune d'entre elles :

- Le montant quotidien moyen des transactions au cours des trois mois, précédant la revue trimestrielle ne doit pas être inférieur à la médiane des montants quotidiens moyens des transactions de l'ensemble des titres ;
- La fréquence des transactions doit être toujours supérieure à 50 % et le titre doit être transigé au moins une fois sur deux, durant la période d'étude de trois mois.

Les indices sont automatiquement générés par le système de négociation de la BRVM et diffusés après chaque séance de négociation. Par ailleurs, le BRVM 10 est révisé quatre fois par année (le premier lundi de janvier, avril, juillet et octobre) et le BRVM COMPOSITE, après chaque nouvelle inscription de société à la cote, de manière à être adaptés à l'évolution du Marché Financier Régional.

Les composantes de la BRVM

Dans un souci de satisfaction de leur besoin de financement, les entreprises ont à leur disposition plusieurs canaux. Elles peuvent passer par les banques en empruntant, mais elles peuvent aussi passer par les marchés financiers. Pour remplir la mission de renforcement des financements de l'entreprise, la BRVM est structurée en différentes composantes.

- Le marché primaire

Sur ce marché, deux principaux types de titres peuvent être émis par l'entreprise : les actions et les obligations. À la BRVM, le financement vers le marché primaire peut être réalisé soit par une introduction en bourse d'une nouvelle entreprise, soit par une augmentation de capital d'une société existante ou bien par l'émission d'une obligation de gouvernement pour se financer.

- Le marché secondaire

Il est le lieu de rencontre entre les investisseurs désireux de vendre et les investisseurs désireux d'acheter. Il est indispensable au fonctionnement du marché financier étant donné que les négociations des titres déjà émis et placés sur le marché primaire se font sur ce marché.

Les outils

Malgré les nombreux outils financiers qui ont été créés, trois valeurs mobilières sont utilisées à la BRVM en fonction de la nature des droits attachés. Nous avons :

- Les actions

Nous notons deux catégories d'actions à la Bourse Régionale des Valeurs Mobilières : les actions ordinaires et les actions privilégiées.

Les actions ordinaires offrent aux détenteurs un droit de vote, un droit aux dividendes et un droit à l'information. Quant aux actions privilégiées, elles présentent des avantages de vote (droit de vote double) ou des avantages dans la répartition du bénéfice (action à dividende prioritaire sans droit de vote).

À son démarrage, trente-quatre (34) entreprises, toutes ivoiriennes, ont été transférées de la Bourse de Valeurs d'Abidjan (BVA) à la BRVM. Aujourd'hui, 45 entreprises sont cotées pour une capitalisation totale de 5,878 324 547 450 FCFA soit 8 961 742 859,18 euros.

- Les obligations

Une obligation est un « titre représentatif d'un emprunt émis sur les marchés financiers. L'obligataire est créancier de l'entreprise ; à ce titre, il dispose de deux droits : percevoir les intérêts et être remboursé. En achetant des obligations, un investisseur recherche un rendement avec un risque limité. »

Un seul compartiment est réservé aux obligations à la BRVM et ces dernières peuvent être émises par des collectivités de statuts juridiques divers (État, Collectivités du secteur public ou semi-public, Collectivités du secteur privé). À la BRVM, les obligations donnent ainsi à leurs détenteurs une qualité de créancier de la collectivité émettrice qui s'engage à les rembourser à une échéance déterminée moyennant un intérêt qui représente le revenu de l'obligation. L'obligataire jouit de ce fait de la réception d'intérêts annuels, semestriels ou trimestriels et du remboursement du nominal à l'échéance. Une collectivité peut aussi émettre plusieurs obligations avec des caractéristiques spécifiques. Par exemple, l'État du Sénégal a émis le « Sukuk 3 Etat du Sénégal 6 % 2016-2026 », coté à la BRVM le 18 octobre 2016 dans le but de financer une partie des travaux du pôle urbain de DIAMNIADO, nouvelle ville dans la région de Dakar. Les collectivités locales peuvent aussi financer leurs projets locaux par le biais de ces emprunts obligataires.

Le Sukuk : « Le sukuk désigne dans le droit musulman un certificat d'investissement conforme à la charia. Il est en quelque sorte l'équivalent, dans le domaine de la finance islamique, des obligations de la finance classique. »

Les caractéristiques des obligations émises à la BRVM bénéficient toutes des mêmes droits selon la charte de chaque emprunt. Nous avons donc :

- Le prix d'émission ;
- Le taux d'intérêt ;
- Le prix de remboursement (toujours garanti) ;
- Les modalités d'amortissement (coupons).

- Les droits

Les droits de souscriptions donnent la possibilité aux détenteurs d'actions le droit d'acheter d'autres actions à un prix fixé à l'avance. L'objectif est de préserver les intérêts des anciens actionnaires dont la part de capital peut être réduite par l'arrivée de nouveaux actionnaires. Ils détiennent une priorité d'achat sur les nouvelles actions émises grâce aux droits de souscription.

Fonctionnement de la BRVM

Le fonctionnement de la BRVM tient compte à la fois des soucis de conformité selon les standards internationaux, mais aussi de l'environnement socio-économique de l'UEMOA.

Sur cette base, les principes suivants ont été établis :

Un marché Financier unique couvrant 8 États : le Bénin, le Burkina Faso, la Côte d'Ivoire, la Guinée-Bissau, le Mali, le Niger, le Sénégal et le Togo. Il jouit de la présence d'une banque centrale (BCEAO), d'un cadre réglementaire qui régule les affaires (OHADA : Organisation pour l'Harmonisation en Afrique du Droit des Affaires) et de la SYSCOA qui est un système comptable garantissant la bonne pratique en la matière.

- Un marché Boursier communautaire : première Bourse régionale au monde.
- Un marché au comptant et centralisé. Le cours d'une valeur, dans ce type de marché, provient de la confrontation pendant les séances de bourse, sous la tutelle de la BRVM, des ordres d'achat et de vente recueillis pendant la séance. Sauf exception, toutes les négociations sur les valeurs admises à la bourse régionale doivent se faire pendant la séance.
- Une séance quotidienne où l'on détermine les cours au fixing sur des titres dématérialisés et un dénouement des opérations à J+3.
- Deux indices de référence (BRVM 10 et BRVM Composite) et des indices sectoriels.
- Un Dépositaire Central / Banque de Règlement (DC/BR) communautaire qui assure l'administration et la gestion des titres (conservation dématérialisée, circulation…), le

dénouement des transactions par un système de compensation centralisé ainsi que la Gestion du fonds de garantie du marché.

Notons qu'un marché au comptant est un marché où les négociations réalisées se dénouent aussitôt les ordres exécutés. En effet, l'acheteur doit être en mesure d'exécuter immédiatement le règlement de son acquisition. Le vendeur aussi a l'obligation de livrer la quantité de titres vendus. Il n'y a pas donc de vente à découvert comme dans certaines zones économiques.

Les transactions faites à la BRVM sont garanties grâce à la présence d'un Fonds de garantie constitué notamment par les SGI pour couvrir l'éventuelle défaillance d'une d'entre elles. La présence d'un fonds comme celui-ci favorise la gestion du risque systémique et offre aux intervenants une garantie sûre.

Les titres circulant sur le marché régional de l'UEMOA sont dématérialisés[6] et conservés chez un Dépositaire central unique.

La Bourse Régionale des Valeurs Mobilières est une bourse entièrement électronique. Le site central, situé à Abidjan, assure les services de cotation, de négociation ainsi que les services de règlement/livraison de titres. Les agents de Société de Gestion et d'Intermédiation, se trouvant dans les autres pays de l'Union Économique et Monétaire Ouest-Africaine, peuvent, à partir de postes de travail installés dans leurs locaux ou ceux situés dans les Antennes nationales de Bourse des pays de l'UEMOA :

- Effectuer la saisie des ordres de bourse et les transmissions au Site Central
- Gérer les cotations : consultation et édition
- Consulter les informations statistiques du marché du Dépositaire Central
- Diffuser les informations.

[6] « Se dit de titres qui n'ont plus d'existence papier et qui sont représentés par une ligne au sein d'un livre comptable. La dématérialisation des titres financiers a permis l'avènement et le développement des marchés financiers dans le monde. Par le passé, l'achat de titres impliquait le transfert d'un bien physique, ce titre de propriété. Or cela représentait un frein à la vitesse des négociations, et limitait très fortement les échanges financiers internationaux. » – Edubourse.com

a. Le Conseil Régional de l'Épargne Publique et des Marchés Financiers (CREPMF)

Le Conseil Régional de l'Épargne Publique et des Marchés Financiers est l'organe de Tutelle du MFR. Il est régi par une convention signée le 3 juillet 1996 entre les États membres de l'UEMOA. Ses principales missions sont de réglementer le Marché Financier Régional de l'UEMOA et habiliter les acteurs, autoriser les opérations financières sur le marché primaire, activité que nous développerons plus bas, surveiller le marché secondaire et contrôler les acteurs et sanctionner le non-respect des règles du MFR.

Son siège se situe à Abidjan, en Côte d'Ivoire.

Les instances décisionnelles

Les prises de décision du conseil sont à la charge de douze (12) membres et d'un Comité exécutif de (04) membres

Parmi ces membres, nous trouvons un représentant de chaque État membre, le Gouverneur de la Banque Centrale des États de l'Afrique de l'Ouest (BCEAO) ou son représentant, le Président de l'UEMOA ou son représentant, un Magistrat spécialiste en finance et un Expert-Comptable. Ces membres se réunissent en session ordinaire.

Le Comité exécutif est composé du Président du Conseil Régional et du Gouverneur de la BCEAO ou son représentant en qualité de membres permanents ainsi que de deux autres membres désignés parmi les membres du Conseil Régional nommés par le Conseil des ministres de l'UEMOA pour une durée d'un an.

Le Comité exécutif agit dans les limites de la délégation de pouvoirs conférée par le Conseil Régional. Il lui rend compte de ses décisions.

Le Secrétariat Général

Sa mission consiste à veiller à l'exécution des décisions des instances. Le Secrétaire Général est nommé pour 5 ans, mandat renouvelable une fois. Il est assisté par un corps d'inspecteurs et un service administratif.

Missions & Compétences

- Contrôle de l'appel public à l'épargne

Le Conseil Régional contrôle et autorise toute procédure d'appel public à l'épargne au moyen de l'octroi d'un visa.

Les émissions obligataires initiées par les États de l'Union ne sont pas assujetties à l'exigence d'un visa préalable du conseil, mais ce dernier peut formuler un veto sur l'émission et le placement par appel public à l'épargne de nouveaux produits financiers susceptibles d'être négociés en bourse, ainsi que sur la création de marchés financiers nouveaux.

- Pouvoirs d'habilitation

Le Conseil Régional est la seule instance compétente pour :

- Donner une habilitation et agréer les structures de gestion du marché et les intervenants commerciaux ;
- Approuver les tarifs des intervenants commerciaux, notamment les SGI et SGP
- Reconnaitre les personnes dont l'activité sur le marché le requiert (délivrance de cartes professionnelles).

Réglementation du fonctionnement du marché

Le Conseil Régional réglemente le fonctionnement du marché, notamment par les dispositions suivantes :

- L'établissement d'une réglementation spécifique au marché boursier régional qui détermine notamment les conditions d'accès au marché, les règles de communication en particulier (publicité, information du public) ;
- L'interprétation, par des instructions générales, de la portée de son Règlement Général ;
- La prise de connaissance des plaintes de toute personne intéressée, relatives aux fautes ou manœuvres préjudiciables aux droits des épargnants et au fonctionnement normal du marché ;
- La définition des règles pour l'application de mesures individuelles, de mesures disciplinaires devant sanctionner les comportements et actes qui entravent le bon fonctionnement du

marché financier et qui sont contraires aux intérêts des épargnants,

- La conciliation et l'arbitrage des différends pouvant survenir à l'occasion des relations professionnelles entre les intermédiaires financiers, ou entre ces derniers et les structures de gestion du marché.

Pouvoirs de Contrôle

Le Conseil Régional veille au respect des réglementations en contrôlant l'activité de tous les intervenants commerciaux agréés. Dans le cas contraire, il peut entamer des enquêtes auprès des actionnaires, des sociétés mères et des filiales, de toute personne physique ou morale ayant un lien direct ou indirect avec les intervenants.

Pouvoirs de sanction

Toute action, omission ou manquement aux règles générales du marché financier et son bon fonctionnement sera puni par le Conseil Régional. Des sanctions judiciaires, pécuniaires, admiratives ou disciplinaires peuvent être prononcées à l'encontre de l'auteur.

Ressources

Les Ressources du CREPMF proviennent des commissions, redevances, frais ou toutes autres recettes perçues au titre de ses activités, notamment lors de la délivrance des visas et des cartes professionnelles, de l'agrément des structures du marché ainsi que les commissions :

- Le budget annuel du Conseil Régional est soumis au Conseil des ministres de l'UEMOA pour approbation.
- La Cour des comptes de l'UEMOA assure le contrôle de l'ensemble des comptes du Conseil Régional.
- Le CREPMF reçoit également toute subvention ou donation provenant de personnes physiques ou morale, des États, Gouvernements et organismes étrangers à condition que son autonomie et son indépendance ne soient pas affectées.

b. Le Dépositaire Central / Banque de Règlement (DC/BR)

Sa mission consiste à centraliser et à conserver des titres inscrits en compte pour les différents intervenants, à gérer le règlement et la livraison des titres, en la gestion des opérations sur titres ainsi que celles du Fonds de garantie du marché.

Détenu par les États de l'UEMOA, les SGI, les Chambres de Commerce et d'Industrie, les institutions sous régionales et d'autres personnes physiques ou morales, le DC/BR est une société anonyme de droit privé qui bénéficie d'une concession de service public. Pour le bon fonctionnement de ses activités au sein de l'Union, des Antennes nationales de Bourse la représentent dans chaque État membre de l'UEMOA qui rend compte au siège, basé à Abidjan.

Le DC/BR est chargé de la conservation et des mouvements des valeurs mobilières. De plus, il agit pour le compte des émetteurs ainsi que des intermédiaires. L'entité fait aussi office de Banque de Règlement détenant les encaisses des négociateurs.

Les missions du DC/BR sont la centralisation des compte-titres pour ses adhérents, le dénouement des opérations de bourse, le règlement des soldes résultant des compensations des opérations de marché, et le paiement des produits (intérêts, dividendes...) et la gestion du Fonds de Garantie du Marché.

Fonctionnement

Les titres inscrits en compte chez le DC/BR sont dématérialisés pour en faciliter la circulation et réduire les risques liés à leur conservation. Les opérations du marché financier sont actuellement dénouées à J+3. Le DC/BR est doté, pour la gestion de ces opérations (gestion des comptes titres et opérations de règlement-livraison), « d'un système électronique entièrement automatisé ».

c. Les Intervenants Commerciaux

Les SGI exercent à titre principal les activités de négociation de valeurs mobilières en bourse et de conservation des titres pour le compte des clients. À titre accessoire, elles réalisent de la gestion sous mandat et aussi du conseil financier.

Les SGP quant à elles gèrent les portefeuilles titres sous mandat, notamment pour les investisseurs non professionnels.

Il s'agit de Sociétés de Gestion et d'Intermédiations (SGI), les Sociétés de Gestion de Patrimoine (SGP), les Banques Teneurs de compte et Conservateurs (BTCC), les Organismes de Placements Collectifs (OPC), les Sociétés de Gestion d'OPC, les Conseils en Investissements Boursiers (CIB) et les Apporteurs d'Affaires (AA).

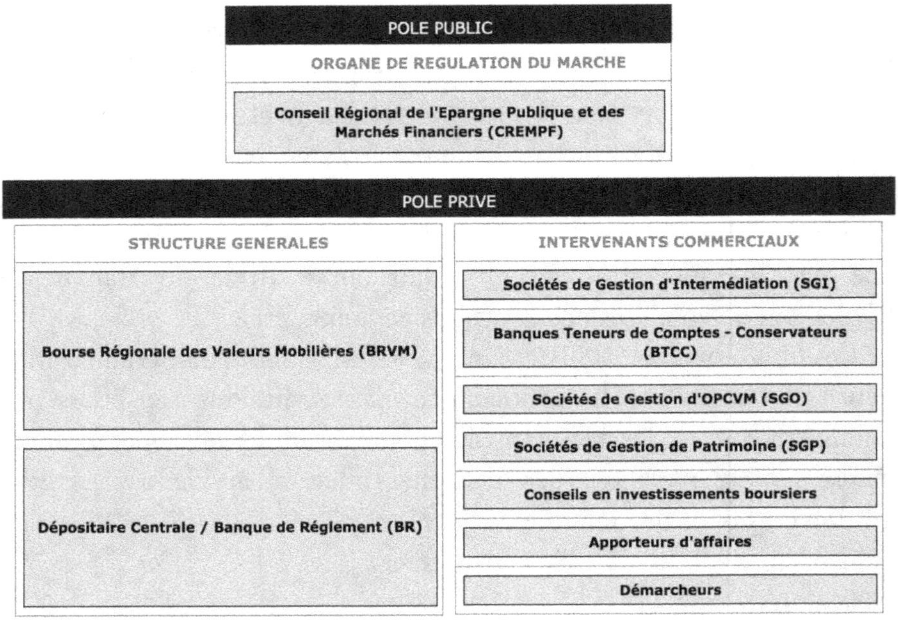

2. L'urgence d'améliorer les normes dans les places boursières africaines

2.1. L'émergence des bourses africaines et l'intégration des marchés boursiers

Aujourd'hui, l'Afrique note un essor notoire de son activité boursière. La Banque de France précise que ce continent enregistre maintenant une vingtaine de places boursières, contre huit dix ans auparavant. En termes nominaux, la capitalisation a été multipliée par cinq de 2000 à nos jours, passant de 257 milliards à 1 260 milliards de dollars. Des rapports indiquent que les places boursières des États d'Afrique subsaharienne constituent toujours les plus petites au plan mondial par rapport à la capitalisation. Entre 2005-2010, le Nigéria (Bourse du Nigéria) et la Côte d'Ivoire (BRVM) regroupant les 8 pays de l'UEMOA, enregistrent des capitalisations s'élevant respectivement à 26,9 % et 28,0 % du PIB, contre 73,3 % pour le Maroc et 249,5 % pour l'Afrique du Sud sur la même période.

Il semblerait alors que seule la bourse de l'Afrique du Sud s'approche du niveau de capitalisation des places boursières des pays développés ou émergents. Ce dynamisme de la place boursière sud-africaine est lié à de nombreuses activités des investisseurs institutionnels et de produits financiers adaptés. Ces derniers facilitent l'introduction en bourse des entreprises dans cette place boursière, puisque c'est l'absence de ces produits financiers qui était toujours avancée comme frein à la cotation de certaines entreprises dans certains marchés financiers africains.

Ainsi donc, l'Afrique du Sud fait partie des places boursières « les plus importantes au niveau international et concurrence de grandes places émergentes comme celles de Malaisie ou de Chine », décrit la Banque de France (Ismaël BA, dans LEJECOS). Les autres zones financières de l'Afrique doivent s'inspirer du modèle de procédure d'initial public offering.

Bien qu'on assiste à une libéralisation des marchés financiers en Afrique, l'introduction des entreprises dans ces marchés financiers fait face à d'importants freins structurels notamment des pays intermédiaires ou à faibles revenus.

Selon la Banque de France, le manque de liquidités dans les marchés est lié au fait qu'il demeure une absence considérable de produits financiers et d'activités insuffisantes d'investisseurs institutionnels sur le marché secondaire. En sus, les recherches montrent un manque d'automatisation des systèmes. Donc voici autant de facteurs qui fragilisent le développement de ces marchés financiers.

Par ailleurs, même si une émergence est observée, les contraintes de liquidités et d'inadéquation du formalisme dans ces places boursières poussent à réfléchir sur des pistes de solutions afin d'augmenter et faciliter l'introduction en bourse des entreprises locales comme étrangères. Puisque ces dernières sont à la recherche de liquidités et de moyens de lever d'importants fonds pour le financement de projet ou leur développement, cette nécessité de rendre liquides et formels les marchés financiers africains semble être une urgence. Un projet qui implique tous les acteurs du marché et les États des pays africains, car les poids économiques des pays africains sont corollairement liés aux poids des marchés financiers.

Les pays à revenus intermédiaires comme Maurice et le Botswana présentent de faibles ratios en ce qui concerne la valeur totale des actions échangées, rapportée à la capitalisation totale qui est respectivement à 5,9 % et 3,8 % alors que l'Égypte enregistre 22,2 % et l'Afrique du Sud 42,0 % ; d'où l'intérêt certainement de penser à une intégration de ces différents marchés financiers en vue de faire face à ces obstacles de liquidités.

En Europe, on a constaté que l'intégration des marchés financiers s'est faite avec la globalisation et la construction du marché unique avec une monnaie commune depuis 2000. Mais cette intégration en Europe a été enregistrée dans tous les secteurs quasiment. On peut citer : banque, assurance, intermédiation financière, etc.

Cette intégration a, selon des études, incité les acteurs financiers, notamment les entreprises européennes, à saisir rapidement les avantages liés à l'effet positif de ce réseau mis en place, plus important, qui leur permet de défendre leur position sur le marché et de construire un pouvoir de marché sur un espace financier plus vaste que le marché national. La monnaie commune a aussi facilité l'intégration des marchés en Europe dans un contexte où les banques, les sociétés d'investissement et les intermédiaires financiers ne possédaient pas une taille suffisante pour affronter la concurrence et profiter des opportunités sur le grand marché financier, un contexte assez semblable aujourd'hui à celui dans lequel l'Afrique se trouve. L'intégration pousse logiquement le marché des actions et le marché obligataire à se concentrer, ce qui entraîne une interconnexion des places financières facilitant les émetteurs, acheteurs et autres d'obtenir un marché beaucoup plus large et liquide ainsi qu'un accès à plus d'informations.

Nous constatons que l'Afrique a développé un marché boursier en très peu de temps. Et pourtant, vers 1996, on ne notait que 11 marchés boursiers en Afrique subsaharienne, Afrique du Sud non comprise.

Aujourd'hui, ce continent dispose d'une vingtaine de bourses des valeurs en activité, dont l'une des rares bourses régionales du monde qui regroupe huit pays francophones d'Afrique de l'Ouest qui possèdent une monnaie identique, le FCFA. Cette monnaie commune a sans aucun doute facilité cette intégration régionale et explique la performance de cette place boursière régionale : la BRVM. Ce développement des marchés de capitaux en Afrique a permis de mobiliser des ressources internes, à la fois auprès des entreprises cotées et des particuliers, mais aussi d'augmenter les investissements internationaux.

L'émergence et l'essor des marchés boursiers en Afrique permettront, dans une grande mesure, d'attirer les investissements privés et de renforcer l'intégration au marché financier mondial. Une intégration au marché boursier mondial qui se fera si ces places boursières arrivent à harmoniser leurs procédures internes et à mettre en place un formalisme qui attirera les entreprises ou multinationales. En plus d'une nécessité de formalisme et d'adaptation des marchés financiers africains en vue de faciliter l'introduction des entreprises dans ces places boursières, la question de liquidité du marché semble demeurer un vrai blocage pour les entreprises qui veulent y lever des fonds ou s'y introduire. La majorité des marchés financiers africains ne sont pas souvent pris en compte dans les indices des marchés du monde, et selon certains observateurs ces marchés attirent un volume limité de fonds communs de participations des marchés émergents mondiaux. À l'exception de l'Afrique du Sud, les marchés boursiers d'Afrique subsaharienne, vu leur taille, présentent un manque de liquidité assez visible, avec des écarts considérables entre des ordres d'achat et de vente. À cela s'ajoute un volume des échanges très faible.

Le manque de liquidités apparaît également dans les écarts considérables entre les ordres d'achat et de vente.

Malgré ce manque de liquidités, de l'instabilité de l'environnement politico-social et économique, certains marchés de capitaux en Afrique enregistrent de bons résultats et affichent de plus en plus une performance sur le plan mondial.

Il y a, selon des études, des offres avec des rendements remarquables aux investisseurs, ce qui semble les placer à l'abri de la nervosité des marchés mondiaux, du fait qu'ils ne sont pas intégrés aux marchés des pays développés. Une caractéristique particulière des places boursières africaines qui présente des avantages en ce qui concerne la diversification des risques.

Dans la volonté de développer ce secteur, certains pays africains ont pris des mesures afin d'encourager dans les années à venir les activités de marchés en appliquant des politiques d'ouverture du marché, en allégeant le fardeau qui pèse sur les finances publiques, en émettant d'importants emprunts obligataires. Les gouvernements africains ont donc entrepris des réformes favorables au marché, en particulier la privatisation des entreprises publiques. De nombreuses politiques de privatisation ont été appuyées par certains états par des cotations sur les marchés boursiers locaux. Afin de stimuler davantage le secteur, certains états ont incité des filiales de grandes sociétés internationales à introduire leurs filiales locales en bourse, comme ce fut le cas du groupe BOLLORÉ au Cameroun. Bien que l'offre soit restreinte, cette incitation à s'introduire dans les bourses locales permet à ces entreprises de bénéficier d'un accès à des fonds sans devoir recourir aux emprunts bancaires.

2.2. L'urgence d'une mise en place de normes dans un marché non mature, pourtant en plein essor

Levine et d'autres auteurs ont cherché à démontrer dans des études que le dynamisme et l'ampleur des récessions des marchés des actions ne dépendent pas de la taille ou de leur liquidité, mais plutôt du régime juridique et le degré de protection des actionnaires minoritaires. Car selon Lévine, la protection des actionnaires minoritaires se veut une alternative probante aux financements bancaires, surtout en période de crise, ce qui, logiquement, devrait estomper ou réduire les conséquences sur la profitabilité des entreprises. Nous pouvons comprendre cette thèse grâce à une analyse qu'il a effectuée auprès d'entreprises localisées dans 36 pays, en comparant des actions émises et leurs performances durant la crise. Selon cette analyse de Levine, les pays où l'on note un degré de protection des actionnaires minoritaires assez important ou élevé sont des entreprises qui émettent un volume d'actions 84 % supérieur à celles qui se trouvent dans des États où ce degré de protection semble insignifiant ou faible.

Donc, cet encadrement d'ordre juridique des actionnaires minoritaires semble avoir un impact positif sur le profit des entreprises, en tout cas en ce qui concerne les entreprises qui durant la crise ont fait recours aux financements de marché, mais pas ceux des banques. Ainsi, cet encadrement est une réglementation de la communication financière permettant aux investisseurs publics de bénéficier d'un accès aux informations liées à l'entreprise et qui sont susceptibles d'influencer leurs choix ou actions sur le marché, comme nous l'avons démontré dans la première partie de cette revue littéraire. La difficulté réside alors à ce niveau, puisque la normalisation de cette divulgation d'information se présente comme une urgence. Dans certains pays, seule la publication du rapport annuel et d'un rapport semestriel certifié par un auditeur externe est obligatoire, mais il est clair que ceci n'est pas suffisant pour aider ces petits actionnaires sur leurs actions et réactions sur le marché. Par contre, on note qu'en Amérique du Nord cette exigence est imposée tous les trois mois, ce qui devrait inspirer l'Europe et notamment les marchés boursiers africains. Donc ce type de publication des rapports financiers et comptables pousse certains États à imposer aux entreprises quatre fois dans l'année une communication financière, ce qui pourrait sembler lourd pour les entreprises de taille moyenne, profil de la plupart des entreprises présentes sur le continent africain.

En effet, en Europe comme en Afrique, la norme actuellement imposée est la publication des données comptables auditées deux fois par an, mais l'encadrement et l'urgence de normaliser le contenu des rapports et l'accès à ces informations aux personnes intéressées sont les priorités pour un développement des marchés boursiers, notamment en Afrique.

Pour attirer au maximum les entreprises dans le marché financier africain et envisager une éventuelle intégration des marchés financiers africains avec ceux de l'Europe ou de l'Amérique, l'uniformisation des normes comptables semble être une des conditions sine qua non en sus de la liquidité du marché. En Europe, on constate l'application des normes internationales de l'IFRS (*International Financial Reporting Standards*), anciennement appelées IAS, depuis 2005. Selon cette norme comptable, l'enregistrement comptable des instruments financiers à leur valeur de marché, appelé aussi en anglais marked to market, est l'objet de débats. Celle-ci est liée à la problématique de « l'efficience » des marchés financiers qu'on a développée un peu avant. « Le principe de la juste valeur est le corollaire comptable de la thèse selon laquelle, si le marché financier est efficient, le prix de marché est à tout moment la meilleure estimation possible de la vraie valeur patrimoniale d'un titre. Il semble donc logique de la choisir comme valeur à enregistrer dans une comptabilité qui se veut une image fidèle de la valeur patrimoniale d'une société », ont développé Levine et al.

Sur ce, réside le problème des normes comptables applicables dans les prospectus émanant des émetteurs des pays tiers qui décident d'émettre sur le marché unique de l'Union européenne. Il s'agit là soit d'imposer une translation, selon Lévine, soit accepter les normes équivalentes. Exemple, une société ouest-africaine avec des comptes enregistrés selon les normes comptables du système Comptable OHADA (Organisation pour l'Harmonisation en Afrique du Droit des Affaires), SYSCOA, décide d'émettre sur le marché unique de l'Union européenne. Une translation des comptes s'impose ou l'acceptation de l'équivalence de ces normes comptables par rapport aux normes de l'IFRS. Ou le sens inverse, une société européenne qui décide de se faire coter sur une place boursière africaine se heurtera au même cas. Donc, un véritable dilemme s'installe. D'où l'urgence d'une harmonisation des normes et procédures ainsi qu'une uniformisation dans le but de booster les marchés financiers africains en facilitant aux entreprises le processus d'introduction en bourse.

Cinq Tableaux récapitulatifs des normes IFRS ET SYSCOA

Sujet	IFRS	SYSCOHADA
Capitaux propres - Actions propres	Les actions propres ou titres d'autocontrôle, c'est-à-dire les titres représentatifs du capital de la société consolidante, sont portés distinctement en diminution des capitaux propres consolidés dans tous les cas. Par ailleurs, aucun gain ou perte n'est reconnu en résultat en cas de cession, émission ou annulation d'actions propres.	Les actions propres sont portées distinctement en diminution des capitaux propres consolidés uniquement lorsque ces titres sont détenus par les sociétés consolidées en tant que titres immobilisés. Ils sont maintenus dans l'actif lorsqu'ils sont détenus en tant que titres de placement.
Capitaux propres – Coût d'émission	Les coûts incrémentaux directs attribuables à l'émission d'instruments de capitaux sont comptabilisés en déduction des capitaux propres.	Les coûts d'émission sont immobilisés en frais d'établissement et ensuite rapporter au résultat par voie d'amortissement (comptes sociaux). Les frais d'etablissements qui constituent des actifs sans valeur sont rapportés en totalité au compte de résultat lors de la préparation des comptes consolidés.
Emprunts (bancaires, obligataire, etc.) – Coût d'émission	Les emprunts obligataires et de dettes financières auprès d'établissements de crédit sont initialement comptabilisés à leur juste valeur, qui tient compte le cas échéant des coûts de transaction directement rattachables. Ils sont ensuite évalués au coût amorti, sur la base de leur taux d'intérêt effectif.	
Emprunts obligataires – Prime de remboursement	Les primes de remboursement des obligations sont comptabilisées en déduction du montant de l'emprunt obligataire puis prises en compte lors de l'évaluation du coût amorti, sur la base du taux d'intérêt effectif.	Les primes de remboursement viennent au crédit du compte d'emprunt obligataire avec pour contrepartie, au débit, un compte d'actif. Les primes de remboursement à l'actif sont ensuite amorties au prorata des intérêts courus ou par fraction égales au prorata de la durée de l'emprunt.

Source : MALEA CONSULTING

Sujet	IFRS	SYSCOHADA
Rabais commerciaux, remises et autres éléments similaires	Les rabais commerciaux, remises et autres éléments similaires (y compris ristournes et escomptes sur ou hors factures) sont déduits pour déterminer les coûts d'acquisition des stocks.	Les escomptes de règlement sont des réductions du montant à payer d'une dette accordée par un créancier à son débiteur qui acquitte sa dette avant l'échéance normale ou qui règle au comptant sans recourir au délai de paiement habituel. L'OHADA impose donc la comptabilisation de ces escomptes de règlement en produits financiers.
Paiement fondé sur des actions	Une entité doit comptabiliser les biens ou services reçus ou acquis dans le cadre d'une transaction dont le paiement est fondé sur des actions, au moment où elle obtient les biens ou au fur et à mesure qu'elle reçoit les services. L'entité doit comptabiliser en contrepartie soit une augmentation de ses capitaux propres (si les biens ou services reçus ont réglés en instruments de capitaux propres), soit un passif (si les biens ou services acquis dans le cadre de la transaction dont le paiement est fondé sur des actions et qui est réglée en trésorerie). Lorsque les biens ou services reçus ou acquis dans le cadre d'une transaction dont le paiement est fondé sur des actions ne remplissent pas les conditions de comptabilisation en tant qu'actifs, ils doivent être comptabilisés en charges.	Pas de disposition similaire.
En Savoir Plus	**IAS 11 Contrats de construction** **IAS 18 Produits des activités ordinaires** **IAS 20 Comptabilisation des subventions publiques et informations à fournir sur l'aide publique** **IAS 38 Immobilisations incorporelles** **IFRS 2 Paiement fondé sur des actions**	**Acte Uniforme portant organisation et harmonisation des comptabilités des entreprises** **• Titre I- Chap. 4 : Règles d'évaluation et de détermination du résultat** **• Annexe, Chapitre 2: Contenu et fonctionnement des comptes** **• Annexe, Chapitre 6 : Opérations Spécifiques**

Source : MALEA CONSULTING

Sujet	IFRS	SYSCOHADA
Règles de comptabilisation (reconnaissance) des éléments des états financiers	Un article qui satisfait à la définition d'un élément doit être comptabilisé si : • il est probable que tout avantage économique futur qui lui est lié ira à l'entreprise ou en proviendra ; • et l'article a un coût ou une valeur qui peut être évalué de façon fiable. Un article qui possède les caractéristiques essentielles d'un élément mais qui ne satisfait pas aux critères de comptabilisation peut néanmoins mériter une information dans les notes annexes, textes explicatifs ou tableaux supplémentaires.	Pas de règles de comptabilisation explicitées de façon similaire.
Principes d'évaluation	La détermination de la ou les convention(s) appropriée(s) d'évaluation est laissée aux préparateurs des états financiers qui peuvent choisir une ou plusieurs conventions parmi les suivantes : • le coût historique ; • le coût actuel ; • la valeur de réalisation ou de règlement ; • la valeur actuelle (valeur actualisée des entrées ou des sorties nettes futures de trésorerie).	La méthode d'évaluation des éléments inscrits en comptabilité est fondée sur la convention du coût historique et sur l'application des principes généraux de prudence et de continuité de l'exploitation. Cependant, il peut être procédé à la réévaluation des éléments dans des conditions fixées par les autorités compétentes, et dans le respect de certaines dispositions.
En Savoir Plus	**Cadre Conceptuel** **IAS 1 Présentation des états financiers** **IAS 8 Méthodes comptables, changements d'estimations comptables et erreurs**	**Acte Uniforme portant organisation et harmonisation des comptabilités des entreprises** **• Titre I-Chap.1 : Dispositions Générales** **• Annexe, Chapitre 7 - Terminologie**

Source : MALEA CONSULTING

Sujet	IFRS	SYSCOHADA
Composition des états financiers	Un jeu états financiers complet comprend : • un état de situation financière à la fin de la période; • un état du résultat global de la période; • un état des variations de capitaux propres de la période; • un tableau de flux de trésorerie de la période; •des notes, contenant un résumé des principales méthodes comptables et autres informations explicatives.	Les états financiers complets comprennent : • le bilan ; • le compte de résultat ; • le tableau financier de ressources et des emplois ; • l'état annexé (qui inclut notamment un un état des variations de capitaux propres de la période et un tableau de variation du périmètre - comptes consolidés uniquement) • un état supplémentaire statistique (comptes sociaux uniquement).
Définitions des éléments des états financiers	Un passif est une obligation actuelle de l'entreprise résultant d'événements passés et dont l'extinction devrait se traduire pour l'entreprise par une sortie de ressources représentatives d'avantages économiques.	Tout élément du patrimoine ayant une valeur économique négative pour l'entité est considéré comme un élément du passif.
	Les produits sont les accroissements d'avantages économiques au cours de l'exercice, sous forme d'entrées ou d'accroissements d'actifs, ou de diminutions de passifs qui ont pour résultat l'augmentation des capitaux propres autres que les augmentations provenant des apports des participants aux capitaux propres.	Sommes ou valeurs reçues ou à recevoir : • soit en contrepartie de la fourniture par l'entreprise de biens, travaux, services, ainsi que des avantages qu'elle a consentis ; • soit en vertu d'une obligation légale existant à la charge d'un tiers ; • soit exceptionnellement sans contrepartie.
	les charges sont des diminutions d'avantages économiques au cours de l'exercice sous forme de sorties ou de diminutions d'actifs, ou de survenance de passifs qui ont pour résultat de diminuer les capitaux propres autrement que par des distributions aux participants aux capitaux propres.	Emplois définitifs ou consommations de valeurs décaissées ou à décaisser par l'entreprise : • soit en contrepartie de marchandises, approvisionnements, travaux et services consommés par l'entreprise, ainsi que des avantages qui leur ont été consentis; • soit en vertu d'une obligation légale que l'entreprise doit remplir ; • soit exceptionnellement, sans contrepartie directe.

Source : MALEA CONSULTING

Sujet	IFRS	SYSCOHADA
Objectifs des états financiers	L'objectif des états financiers est de fournir une information sur la situation financière, la performance et les variations de la situation financière d'une entreprise, qui soit utile à un large éventail d'utilisateurs pour prendre des décisions économiques.	Les états financiers forment un tout indissociable et décrivent de façon régulière et sincère les événements, opérations et situations de l'exercice pour donner une image fidèle du patrimoine, de la situation financière et du résultat de l'entreprise.
Durée de l'exercice comptable	Une entité doit présenter un jeu complet d'états financiers au minimum une fois par an, sans que cela ne coïncide obligatoirement avec l'année civile.	Période de 12 mois, appelée exercice, qui coïncide avec l'année civile.
Obligation de présentation des états financiers	Les obligations de présentation des états financiers sont identiques (contenu et format) indépendamment de la taille de l'entreprise.	Les états financiers annuels sont obligatoires, en tout ou en partie, en fonction de la taille des entreprises appréciée selon des critères relatifs au chiffre d'affaires de l'exercice. Toute entreprise est, sauf exception liée à sa taille, soumise au " Système normal " de présentation des états financiers et de tenue des comptes. Toutefois, si le chiffre d'affaires ne dépasse pas 100.000.000 de francs CFA, l'entreprise peut utiliser le " système allégé ".
Qualités de l'information financière	L'information possède la qualité de pertinence lorsqu'elle influence les décisions économiques des utilisateurs en les aidant à évaluer des événements passés, présents ou futurs ou en confirmant ou corrigeant leurs évaluations passées.	Pas de concept similaire
	Pour satisfaire à la finalité d'image fidèle du patrimoine, de la situation financière, priorité doit être donnée à la réalité économique sur la forme ou l'apparence juridique dans l'établissement des états financiers. L'application de ce principe conduit par exemple à inscrire, à l'actif du bilan certains biens pris en location.	Concept similaire. Néanmoins, en raison des difficultés d'application de ce principe liées à l'analyse juridique et économique des contrats, le SYSCOHADA prévoit les cas d'application limitatifs.

Source : MALEA CONSULTING

Ces cinq tableaux ci-dessus nous permettent de comparer les différentes normes appliquées avec l'IFRS et SYSCOHADA. Il est aisé de comprendre que certains éléments liés à la cotation des entreprises sont tenus en compte par l'IFRS, mais pas par SYSCOA, tels que le paiement fondé sur les actions, sur la qualité de l'information. En étudiant les autres points tels que l'objectif des états financiers, l'obligation de présenter ces états financiers, etc., nous pouvons en déduire que ces accointances entre ces deux normes peuvent faciliter la mise en place dans les places boursières africaines d'une norme unique internationale qui facilitera aux entreprises africaines comme européennes d'y coter. Cette facilitation doit se réaliser dans une logique de mise en place des normes adaptées aux réalités socio-économiques du continent.

La valeur réelle des capitaux des sociétés doit être distinguée de la valeur comptable telle qu'elle est calculée et mise au passif du bilan.

Il est dans ce cas nécessaire d'évaluer régulièrement les titres des sociétés. Plusieurs raisons justifient cette évaluation en plus de déterminer le prix des titres dans un processus de cotation :

- Les opérations d'acquisition ou de cession,
- Les travaux d'inventaire afin de déterminer les provisions pour dépréciation éventuelles,
- Les droits fiscaux en cas de mutation, d'apport, de succession...
- Les modifications éventuelles du capital

Plusieurs méthodes sont utilisées par les professionnels des entreprises pour déterminer ce prix, soit les directeurs financiers.

Évaluations des capitaux propres et des titres

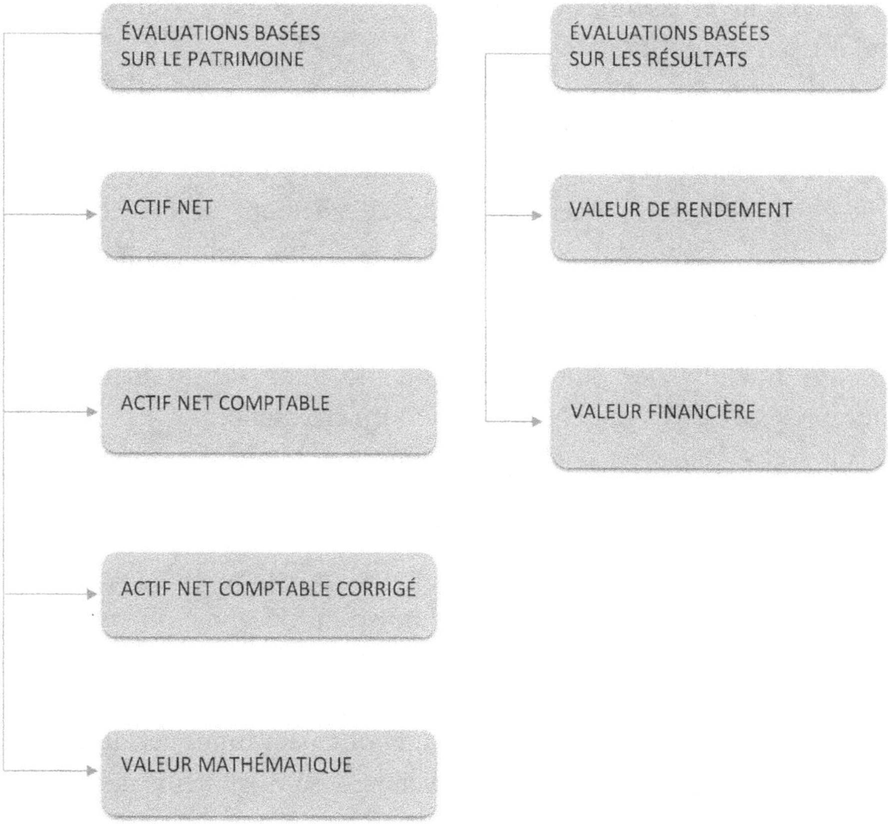

Ljungqvist, Ritter, Betty et Welch ont avancé plusieurs thèses concernant la sous-évaluation des titres. La sous-évaluation consiste à présenter le prix des actions d'une entreprise qui sera inférieur à la valeur de marché.

Cette mesure, selon ces auteurs, pourrait priver la société des bénéfices, mais reste un moyen pour garantir une vente des actions sur le premier jour de la cotation ou du démarrage de l'introduction. Pour un IPO (Initial Public Offering), la sous-évaluation est souvent très importante pour les entreprises d'assurance, étant donné qu'il y a un besoin d'élaboration de plan de commercialisation et de vente des actions.

L'assureur joue un rôle déterminant dans une introduction, concernant l'établissement du prix à fixer, et permet aussi la vente d'un nombre important d'actions. Les recherches nous montrent que ces actions mises sur le marché sont présentées avec une décote aux potentiels investisseurs qui semblent être en contact avec l'assureur qui est acteur de l'IPO.

L'IPO est un moyen pour les entreprises de lever d'importants capitaux, ce qui logiquement expliquerait la volonté de fixer un prix peu élevé lors de cette cotation. Le risque avec un prix sur le marché très élevé est naturellement un défaut d'acheteurs, ce qui amènera à des stocks d'actions non vendues, ce qui peut empiéter sur l'introduction en bourse. Ce manque d'acheteurs intéressés assez fréquent sur les places boursières africaines fait que la méthode de sous-évaluation des titres pourrait faciliter l'introduction des entreprises dans ces marchés financiers en croissance.

La sous-évaluation en IPO est donc une vente des actions de la société à un prix moins élevé afin d'amasser le maximum d'argent lors de la vente sur le marché.

Sur les grandes places boursières, les investisseurs suivent pas à pas le processus d'introduction en bourse afin de pouvoir profiter de cette sous-évaluation. Il est clair alors qu'un IPO à bas prix crée une importante opportunité pour le profit de l'entreprise.

L'engouement sur l'achat de ces actions peut diminuer au fur et à mesure puisque les investisseurs vendent souvent leurs actions en profitant du prix qui augmente (avec la forte demande) et donc avant que les prix ne tombent.

Cet intérêt dans une nouvelle émission d'actions et la valeur qui augmente presque toujours, n'est souvent observée que lorsque le prix d'émission n'est pas trop élevé, d'où l'importance d'une sous-évaluation comme l'avancent ces théoriciens précités. Cette sous-évaluation est encadrée sur les marchés financiers mondiaux. Le prix d'introduction de TOTAL Sénégal sur la place boursière de l'Afrique de l'Ouest en 2015 était estimé trop élevé selon certains financiers. Le prix avait été fixé à 12 000 FCFA (18 euros) par la CGF Bourse, qui est une société d'intermédiation et de gestion, jouant ici le rôle d'arrangeur et de chef de file du processus d'IPO. Selon des experts, différentes méthodes ont permis d'obtenir un prix qui avoisine

11 400 FCFA (17 euros)[7]. Total Sénégal est introduit sur la base d'un ratio cours/bénéfice qui a donné 18 quand Total Côte d'Ivoire donnait 13,5, alors que la moyenne du secteur est estimée aux alentours de 15. Ce qui explique la thèse selon laquelle la valeur semble être chère par rapport aux concurrents. Lorsqu'on compte investir plus de deux ans, cela peut s'avérer intéressant, puisque la croissance est assurée dans ce secteur des hydrocarbures.

Une manière de résoudre ce problème de la tarification réside peut-être dans la réalisation d'une vente aux enchères lors de l'introduction en bourse.

Ces enchères lors de l'IPO peuvent éliminer les problèmes de surfacturation et sont un moyen pour les investisseurs d'apprécier la valeur de marché et savoir combien payer, mais cette méthode d'enchères ne semble pas particulièrement prisée chez les banques introductrices ou les assureurs, la Commission et les profits potentiels étant beaucoup plus faibles. Cette sous-évaluation est utilisée ou appliquée différemment selon les places boursières. Ces différentes techniques d'évaluation et de cotation qui diffèrent d'une place à une autre sont vues comme un obstacle à une facilitation des IPO sur la place boursière africaine. Sur ce, a mise en place de normes qui facilitent aux entreprises leur introduction dans les marchés financiers s'avère judicieuse. Quelques différences et similitudes sont constatées sur la place boursière tunisienne, ouest-africaine et de Johannesburg.

Dans la bourse tunisienne, les règles d'admission sont : pour que les titres de capital soient admissibles au premier et au second marché de la cote permanente, les sociétés doivent, sauf dérogation exceptionnelle, réunir les conditions suivantes :

Concernant le premier marché :

- Avoir la forme de société anonyme.
- Avoir un capital effectivement libéré d'au moins un million de dinars.
- Justifier d'un minimum de trois années d'existence.
- Les deux derniers exercices doivent être bénéficiaires.

[7] Ces informations sont issues des différentes lectures d'articles de recherche, des interviews accordées par les dirigeants de total Sénégal, et d'autres articles de presse relatant l'introduction en bourse de l'entreprise.

- Avoir distribué un dividende au moins au titre de l'un des deux derniers exercices.
- Avoir au moins cinq cents actionnaires.
- Avoir 20 %, au moins, du capital diffusé auprès d'actionnaires ne possédant pas, individuellement, plus de 0,1 % du capital.
- Concernant le deuxième marché :
- Avoir la forme de société anonyme.
- Avoir un capital, effectivement, libéré d'au moins cinq cent mille dinars.
- Justifier d'un minimum de deux années d'existence.
- Le dernier exercice doit être bénéficiaire.
- Avoir distribué un dividende au moins au titre de l'un des deux derniers exercices.
- Avoir au moins trois cents actionnaires.
- Avoir 10 % au moins du capital diffusé auprès d'actionnaires ne possédant pas, individuellement, plus de 0,1 % du capital.

En ce qui concerne le dossier d'admission, les conditions à réunir sont, selon l'article 28 du règlement général de la Bourse :

« Le dossier d'admission à la cote comporte les documents juridiques, économiques, financiers et comptables qui requièrent l'admission. La liste et la teneur de ces documents sont fixées par la Bourse ». Ce dernier est préparé avec l'aide d'un conseil spécialisé, on y trouve les éléments ci-dessous :

- Une demande d'admission des actions, présentée soit par l'intermédiaire en Bourse, soit directement par la société ou l'entreprise candidate.
- Un formulaire établi par la Bourse, dûment rempli ;
- Une copie des statuts mis à jour et les procès-verbaux des Assemblées générales Extraordinaires relatifs aux différentes émissions constituant le capital social ;
- Les états financiers des deux (pour le second marché) ou trois (pour le premier marché) derniers exercices sociaux dûment approuvés par l'Assemblée Générale (bilans et comptes annexes), les rapports du commissaire aux comptes et les

résolutions des Assemblées générales Ordinaires de ces exercices.

- Un état des filiales et participations significatives, ainsi qu'un état détaillé du patrimoine de la société ;
- Une liste actualisée des actionnaires connus, le montant et le taux de leur participation ;
- Le rapport d'activité présenté à l'Assemblée Générale Ordinaire relatif au dernier exercice social comportant tous les renseignements de nature à éclairer les actionnaires actuels et futurs sur la situation de la société ;
- Autres documents que la Bourse juge nécessaires à l'étude du dossier de la société, dont, notamment, les perspectives d'avenir de la société et les prévisions d'exploitation et de trésorerie établies sur un minimum de 5 années.

Les services de la Bourse accusent réception du dossier après vérification de l'existence des éléments constitutifs. Ils sont aussi habilités à demander le dépôt de toute autre information complémentaire.

S'agissant de la bourse de la BRVM, en résumé, les règles que les entreprises candidates doivent respecter consistent à :

- Être constitué sous forme de société anonyme ;
- Un engagement écrit de l'émetteur de diffuser les informations requises par la bourse, notamment la publication des comptes annuels au bulletin officiel de la cote et de participation à l'organisation du marché ;
- Un engagement écrit de l'émetteur de se soumettre à la réglementation de la BRVM ;
- Mandater une société de gestion et d'intermédiation (SGI) qui l'assistera et le conseillera lors de son adhésion à la cote ;
- S'engager à signer un contrat d'animation de marché.

Les sociétés candidates devront par ailleurs publier les cumuls semestriels de chiffres d'affaires et les tendances de résultats, présenter les états financiers sur les cinq (5) dernières années s'il s'agit d'une capitalisation boursière qui est égale ou supérieure à 500 millions de francs CFA (765 000 euros). À cela s'ajoute la diffusion d'au moins 20 % de leur capital dans le public dès l'introduction en bourse si c'est une Offre Publique de vente d'actions. (Annexes 1)

Une marge nette sur chiffre d'affaires sur chacune des trois dernières années de 3 %.

L'introduction en bourse sur cette place boursière implique la présence de deux types de partenaires :

- un établissement financier qui joue un rôle de Société de Gestion et d'Intermédiation (SGI) : CGF BOURSE, ABCO BOURSE etc.
- une agence de communication financière.

Avant l'introduction en bourse, la SGI élabore des travaux préalables pour le compte de l'émetteur, tels que : la préparation du dossier d'introduction (prospectus et business plan) en consultant les dirigeants et fait une proposition d'une évaluation objective de l'entreprise ainsi qu'une estimation du cours d'introduction.

L'agence de communication financière quant à elle, dans cette phase préalable, cherche à travailler sur une stratégie de communication financière, sur une préparation de documents pour le public, l'étude de la publicité financière et la diffusion des documents d'information.

Ces partenaires financiers précités de l'entreprise candidate, après l'introduction en bourse faite, vont pour la société nouvellement émise sur le marché financier réaliser un certain nombre de prestations afin d'assurer le succès à long terme de l'introduction (explique Zogning, 2006). Elle devra après l'introduction, effectuer de façon permanente, des travaux pour assurer la liquidité du titre, publier et diffuser des notes et rapports d'analyse financière.

L'agence de communication financière doit continuer à élaborer des documents pour le grand public, concevoir et proposer des publicités financières.

À Johannesburg Stock Exchange, le processus d'initial public offering se présente comme suit :

Le premier pas que l'entreprise doit effectuer consiste à s'engager avec le JSE, dit Czepek.

- Avant la décision d'inscription, les entreprises doivent consulter un conseiller professionnel pour des directives et le conseil.
- Pour s'inscrire sur la bourse, elle a besoin de nommer un sponsor pour conseiller l'entreprise quant à l'application des exigences de la cotation et les directeurs quant à la nature de leurs responsabilités et les obligations comme celles exigées aux directeurs d'une entreprise déjà inscrite. Le sponsor assurera aussi que les critères pour la cotation sont respectés et que l'entreprise est appropriée pour s'inscrire.
- Il est recommandé aussi de nommer un conseiller d'entreprise. Des conseillers d'entreprise se trouvent d'habitude dans les divisions de finance d'entreprise d'agents de change, des banques d'affaires ou des bureaux de contrôle. À cela, s'ajoutent d'autres critères essentiels que sont :
  - Le capital souscrit doit atteindre au moins R50 million (3 320 000,00 EUR),
  - Non moins de 25 millions de capitaux propres à partager dans la publication.
  - États financiers vérifiés pour les trois exercices financiers précédents.
  - Le dernier bilan divulgué avec le bénéfice vérifié d'au moins R15 million avant impôts et après, et en cas de rajustements de bénéfices, ou avec un capital d'au moins R500 million (33 200 000,00 EUR),
  - 20 % des capitaux propres à partager au public pour assurer la liquidité raisonnable.

Nous constatons ici que les procédures d'inscription sur ces places boursières présentent quelques similitudes telles que la publication des états financiers des 3 derniers exercices, les techniques de sous-évaluation des titres pour attirer le maximum de souscripteurs, les normes comptables et financières à appliquer. Alors, les conditions d'une intégration des marchés financiers d'Afrique, et avec ceux des autres continents, notamment ceux de l'Europe, semblent déjà exister. Ceci est un moyen de favoriser la liquidité de la zone, ce qui attire les entreprises à la recherche de fonds ou de financement pour leur développement et même les États qui cherchent à financer des projets via l'emprunt obligataire. En Afrique comme en Europe, l'activité et l'emploi sont étroitement liés aux PME et ETI.

La lutte contre le chômage menée par les États passe par un financement adéquat de ces entreprises, notamment en Afrique où ce taux de chômage est assez significatif. D'où l'importance de voir dans quelle mesure il faut faciliter à ces entreprises une cotation sur les places africaines en vue d'attirer le maximum de candidats à la cotation sur ces places boursières.

Dans le nouveau contexte réglementaire, les banques deviennent de plus en plus sélectives concernant l'octroi des crédits. Une nouvelle étape de désintermédiation est constatée sur le plan mondial, et l'Afrique semble ne pas être à l'écart de cette phase. La plupart de ses marchés financiers se trouvent dans une situation d'émergence, et certains même sont dans une phase de non-émergence caractérisée comme nous l'avons démontré précédemment. Nous pouvons ainsi aisément comprendre dans les ambitions pour l'essor des bourses en Afrique sur les dix prochaines années.

Aujourd'hui, les places financières comme Johannesburg ou Nairobi, les ambitions de Casablanca Finance City (CFC) jouent un rôle assez remarquable, ainsi que la relance de la bourse à vocation régionale d'Abidjan.

La désintermédiation va gagner de plus en plus du terrain en Afrique, mais les financements bancaires vont rester prédominants encore longtemps selon Christian de Boissieu, vice-président du Cercle des économistes et Professeur à l'Université Paris I Panthéon – Sorbonne.

Il rajoute que partout, donc aussi en Afrique, on constate le problème de l'articulation entre les banques et la finance parallèle (« shadow Banking »). Ce type de financement parallèle s'y est développé depuis longtemps, alimenté en grande partie par le secteur informel. Son existence et sa pérennité montrent un certain besoin de financement pour les emprunteurs et de placement pour les épargnants. En même temps, on note que la finance parallèle pose présentement des défis considérables, car elle présente de nos jours dans le monde trop de risques, dont celui d'être un « nid » à crises systémiques.

Le processus d'introduction en bourse de TOTAL Sénégal

Au 31 décembre 2013, le capital social de Total Sénégal s'élève à 3 257 770 000 francs CFA, divisé en 325 777 actions d'une valeur nominale de 12 000 francs CFA chacune, entièrement libérées et numérotées de 1 à 325 777.

Le 19 mai 2014, l'Assemblée générale, après avoir entendu la lecture du rapport du Conseil d'Administration sur le fractionnement de la valeur nominale des actions de Total Sénégal suivi de la vente d'actions dans le cadre d'une offre publique de vente et de l'introduction en bourse, a décidé :

- De procéder à un fractionnement par 10 de la valeur nominale de chaque action existante qui conduit ainsi le capital social de Total Sénégal de 3 257 770 actions d'une valeur nominale de 1 000 FCFA en remplacement des 325 777 existantes d'une valeur nominale de 12 000 FCFA ;
- Les actions seront attribuées aux actionnaires actuels de la société au prorata de leur participation dans le capital de la société.

Leader de la distribution pétrolière sur l'ensemble du continent, le groupe Total souhaitait ouvrir le capital de Total Sénégal à des investisseurs locaux afin d'ancrer durablement sa présence dans la société sénégalaise.

Parmi les sociétés africaines de Total Outre-Mer, Total Sénégal fait partie des sociétés les plus dynamiques. Bénéficiant d'une présence de longue date dans le pays (1947), d'une croissance soutenue et d'un environnement politique favorable, Total Sénégal fait partie des actifs stratégiques de la zone, et est en cela l'un des éléments-clés de la politique d'ouverture de Total en Afrique.

Avec les opérations successives de croissance externe (acquisitions dans les années 90, fusion Total Fina Elf en 2000), l'actionnariat sénégalais a été fortement dilué. Le groupe Total souhaite aujourd'hui consolider l'ancrage local de Total Sénégal par un rééquilibrage de son actionnariat individuel.

Le bénéfice attendu de cette opération participera à renforcer l'appropriation locale de ses activités et associer l'actionnariat local au développement de Total Sénégal.

La présente opération consiste en la cession de 290 000 actions détenues par Total Outre-Mer dans le capital de Total Sénégal sur le Marché financier régional de l'UEMOA, ce qui représentera 8,90 % des actions de Total Sénégal. Le total du flottant au niveau de la BRVM représentera 30,9 % et sera constitué des éléments suivants :

- 290 000 actions suite à l'APE soit 8,90 % du capital ;
- 715 300 actions soit 22 % du capital représentant la part des actionnaires minoritaires.

Suite à cette opération, l'actionnariat de Total Sénégal deviendra :

- Total (Africa) Limited : 46,0 %
- Total Outre-Mer : 23,1 %
- Flottant BRVM : 30,9%

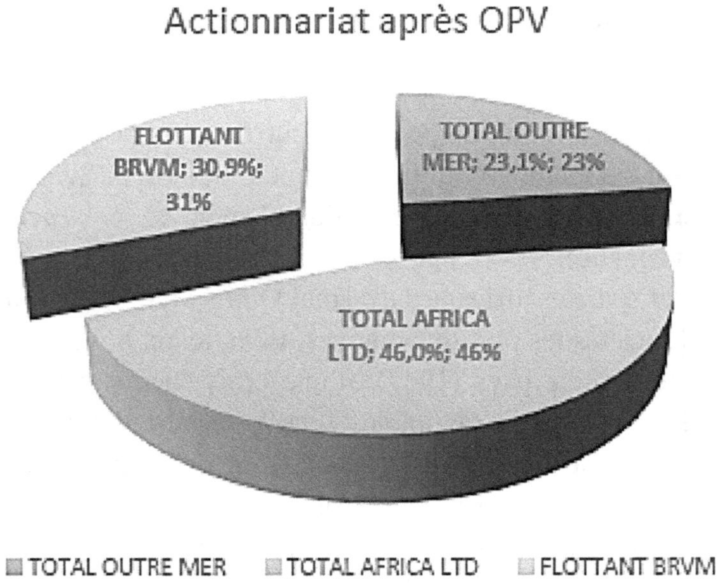

PARTIE 2

ENQUÊTE SUR LES HYPOTHÈSES DE RECHERCHES LIÉES À LA PROBLÉMATIQUE SOULIGNÉE

Plusieurs théoriciens ont apporté des réponses à la problématique qui fait l'objet d'étude à savoir : dans quelle mesure les conditions d'introduction en bourse peuvent-elles être respectées par les sociétés, sur les places boursières africaines ? Nous pouvons en citer : Lévine : « C'est un régime juridique et un degré de protection juridique des actionnaires minoritaires qui peut développer les marchés financiers et augmenter l'ampleur des introductions en bourse. » (2016)

Langfield et Paguno : « Selon les études faites après la crise des surprimes, les pays où le secteur bancaire a une taille importante auraient des taux de croissance moindres comparativement aux pays où les marchés financiers prédominent », réponse à la question pourquoi les entreprises doivent-elles privilégier les marchés financiers au système bancaire, ou les deux ?

Rock (1986) : « Les bons candidats à l'introduction en bourse n'auraient d'autres choix que de sous-évaluer leur prix d'introduction pour s'assurer de la participation des petits investisseurs ». Selon Faugeron-Crouzet « Les petits investisseurs exagéraient leur demande de titres pour obtenir un meilleur taux de services » donc la sous-évaluation des titres est à tenir compte lors d'une IPO.

Ritter et Welch : « La codification claire des introductions, la création de différents compartiments du marché financier faciliteraient les IPO » ;

Ritter et Welch : « L'intégration des marchés financiers peut participer à faciliter l'IPO pour les émetteurs et aussi l'harmonisation des procédures et critères d'admission à la cotation »

Le tableau ci-dessous résume les hypothèses de recherches qui ont été retenues ainsi que les thèmes qui s'y rapportent. Nous avons effectué des tests quantitatifs, autrement dit des entretiens auprès des quelques acteurs du marché. Les répondants ont pu apporter des éléments de réponses aux différentes questions soulevées ici, selon leurs profils et statuts.

Story telling des résultats de l'enquête sur les hypothèses de recherches et analyse.

HYPOTHESES DE RECHERCHE	THEMES	QUESTIONS A DESTINATION DES ACTEURS MARCHES FINANCIERS	QUESTIONS A DESTINATION DES ENTREPRIS COTEES OU EN COURS D'INTRODUCTION
La divulgation volontaire e pour l'entreprise un important moyen de tenir les investisseurs et les marché financiers informés de sa performance	La correlation entre l'informati financière et un IPO réussi	Comment jugez vous l'impact de l'information sur les décicions prises sur le marché? Qu'est ce qu'une information efficiente ? Quelles seront les conséquences d'une divulgation d'information sur le processus d'IPO	En quoi la divulgation d'information peut-elle etre sensible chez vous? Avez vous un modèle de gestion des informations financières au sein de la boite? Comment mesurez vous l'impact des informations financières sur votre IPO
C'est un régime juridique et un degré de protection juridique des actionnaires minoritair qui peut développer les marchés financiers et augmenter l'ampleur des introductions en bours	La démarche des entreprises pour réussir une bonne introduction en bourse	Quels sont les partenaires de l'opération pour réussir l'introduction ? Quelles sont les conditions d'une introduction réussie ? Quelles devraient être les forces d'une entreprise pour une introduction en bourse ?	Qui sont vos partenaires pour réussir votre introduction en bourse? Qui sont les acteurs internes impliqué dans le processus de IPO? Quels atouts présentez-vous pour penser que vous réussirez cette introduction? / Ou quels ont été vos atouts lors de l'introduction réussie d votre entreprise?
La codification claire des introductions, la création d différents compartiments d marché financier faciliteraient les IPO	L'organisation adéquate des marchés pour faciliter les IPO	Quels sont les avantages d'une introduction en Bourse africaine pour une entreprise ? L'organisation actuelle des marchés financiers mondiaux facilite t-elle les IPO? Le bon fonctionnement d'une bourse dépend t-il de sa normalisation?	Pourquoi avez vous choisi de vous fair coter dans ce marché? Quels sont selon vous les freins pour réussir cette introduction ?/ Ou quels ont été les obstacles qui ont ralentis l'introduction? Avez vous eu le choix entre différente places boursières? Si oui, comment justifiez-vous votre choix?

L'intégration des marchés financiers peut participer à faciliter l'IPO pour les émetteurs et aussi l'harmonisation des procédures et critères d'admission à la cotation	L'intégration des marchés financiers , esquisse de soluti pour des marchés financiers dynamique	En quoi une intégration des marchés est -elle une solution pour booster les places boursières qui s'imposent difficilement sur le plan internationall? Quelles sont les types d'entreprises qui s'introduisent dans les marchés intégrés? Comment se comportent les entreprises lors d'une cotation	Pourquoi etes-vous coté dans un marché financier intégré? Y a t-il selon vous une différence pour votre entreprise entre une cotation dans une place boursière locale et un marché intégré?
Les bons candidats à l'introduction en bourse n'auraient d'autres choix q de sous évaluer leur prix d'introduction pour s 'assu de la participation des petit investisseurs	la sous-évaluation des titres, stratégie fréquemment expérimentée lors des IPO / l protection des actionnaires miboritaires	Comment les marchés financiers encadrent-elles la sous-évaluation des titres? Est-il important d'avoir un degré de protection des actionnaires élevé dans un IPO? Y a t-il des types d'entreprises spécifiques pour qui une sous-évaluation est nécessaire pour réussir un IPO?	Avez-vous pratiquer la sous-evaluation de vos titres pour votre IPO? Visez-vous des investisseurs bien déterminés ou spécifiques lorsque vous vous introduisez en bourse?

La divulgation volontaire représente pour l'entreprise un important moyen de tenir les investisseurs et les marchés financiers informés de sa performance

Questions à destination des entreprises cotées ou en cours d'introduction

En quoi la divulgation d'informations peut-elle être sensible chez vous ?

La divulgation d'informations pourrait certes être avantageuse lors de l'introduction, mais elle risque d'être aussi exploitée par les concurrents et cela pourrait affaiblir la compagnie face à ses concurrents. D'ailleurs, c'est ce qui motive la plupart des entreprises à être réticentes quant à la divulgation de certaines informations jugées trop sensibles ou stratégiques.

L'échec de plusieurs processus d'introduction en bourse de certaines entreprises sur la BRVM s'explique, par ce fait. Ceci pousse les entreprises candidates à une rétention d'informations ou parfois une communication sur une information non fondée juste dans le but de réussir leur cotation. Or ces informations tiennent une place prépondérante dans le processus. Elle peut retarder le processus, en raison du temps nécessaire à certains experts pour diagnostiquer à leur juste valeur les informations financières dans le but de ne pas léser les autres acteurs du processus (les acheteurs, la banque introductrice, etc.) ; ce temps doit être aussi pris en compte dans l'évaluation du processus de cotation sur la place (BRVM).

Certains jugent important de prendre en compte la capacité à fournir les informations financières à divulguer, car les conséquences ne se résument pas seulement à un éventuel échec de la cotation et une exposition risquée vis-à-vis des concurrents comme on l'a souligné plus haut, mais aussi cela peut avoir d'innombrables conséquences sur le marché par rapport aux clients et l'image de l'entreprise. On peut, à titre d'exemple évoquer la notoriété de Volkswagen entachée après le scandale[8] de 2016 et qui avait des conséquences sur le marché financier.

Avez-vous un modèle de gestion des informations financières au sein de la boîte ?

Des directeurs d'opérations précisent que la gestion des informations financières a changé, depuis l'introduction, avec une publication impérative et obligatoire des rapports financiers annuels chez l'autorité de contrôle locale (exemple l'AMF en France, CREPMF au Sénégal). Ces informations financières font l'objet d'étude et d'analyse par le département des opérations de marchés avant toute publication, étant donné leur impact sur les actions de la société. Il faut préciser que les entreprises qui se trouvent dans des secteurs comme l'agroalimentaire, l'immobilier, les produits pharmaceutiques et autres créent au sein des directions financières des services de communication financière. On constate aussi l'utilisation de certains logiciels de gestion (ERP) spécifiques au secteur d'activité. Sur ce plan, un système d'informations appelé SIM (système d'information du marché) est créé pour la gestion des informations liées aux produits agricoles qui vise à couvrir le risque agricole en Afrique.

---

[8] L'affaire Volkswagen, aussi appelée « dieselgate »N 1, est un scandale industriel lié à l'utilisation par le groupe Volkswagen, de 2009 à 2015, de différentes techniques visant à réduire frauduleusement les émissions polluantes (de Nox et de CO2) de certains de ses moteurs diesel et essence lors des tests d'homologation. Source : Wikipédia

Comment mesurez-vous l'impact des informations financières sur votre IPO ?

Celles-ci ont permis de communiquer sur la santé de l'entreprise et de rassurer certains investisseurs réticents au début de l'introduction. Les informations liées au secteur d'activité de la société ont un impact considérable sur la réussite de la cotation, car ce secteur des produits d'électroménagers est actuellement en plein essor. Les analystes de marchés ont pu constater que l'introduction de certaines grandes compagnies telles que la SONATEL (Société National de Téléphonie du Sénégal), de l'ECOBANK, etc., et les conséquences positives sur leurs états financiers après IPO rendus accessibles sur le marché, plusieurs sociétés ont entrepris le processus de cotation. On en déduit alors que ces informations financières ont une capacité à impacter les IPO et il faut que les entreprises les prennent en compte dans toute introduction dans une place boursière.

Questions à destination des acteurs des marchés financiers

Comment jugez-vous l'impact de l'information sur les décisions prises sur le marché ?

Lors du premier trimestre 2015, le Johannesburg Stock Exchange a présenté un nombre remarquable d'introductions en bourse depuis la crise financière de 2008. À mon avis, les investisseurs ont eu à répondre de façon favorable aux bonnes performances du marché et les informations qui leur sont parvenues ont été aussi favorables.

Quelles seront les conséquences d'une divulgation d'information sur le processus d'IPO ?

Le signe de cette forte dynamique du Johannesburg Stock Exchange est lié au fait que les entreprises Lodstone Reits et Novus Holding, qui se sont introduites, ont enregistré une progression de leurs actions respectivement de 39 % et 20 %, motivant beaucoup d'entreprises locales à se coter à la bourse de JSE. Il faut alors avouer que la divulgation de ces informations contribue fortement au nombre conséquent d'IPO noté sur une place boursière.

Vérification : Il ressort de ces enquêtes qu'une sécurisation et gestion stratégique est importante pour une entreprise candidate à une cotation boursière. L'information occupe une place dominante dans un Initial Public Offering.

1. C'est un régime juridique et un degré de protection juridique des actionnaires minoritaires qui peuvent développer les marchés financiers et augmenter l'ampleur des introductions en bourse

Questions à destination des entreprises cotées ou en cours d'introduction

Qui sont vos partenaires pour réussir votre introduction en bourse ?

Nous pouvons citer les autorités de régulation du marché dans lequel on compte se coter, la banque introductrice – certaines entreprises, notamment en Afrique subsaharienne, préfèrent passer par une société de gestion intermédiaire (exemple : la CGF Bourse, ABCO Bourse, etc.) –, l'État, notamment s'il s'agit d'une société dans laquelle il détient des parts.

Qui sont les acteurs internes impliqués dans le processus de IPO ?

Le conseil d'administration, la direction générale de l'entreprise, le directeur financier, la direction marketing et communication ; en gros, tous les départements qui ont un impact sur le service fourni par l'entreprise sont et doivent obligatoirement être impliqués, d'où l'importance d'un bon système d'information qui permet de recentrer et regrouper l'ensemble des informations utiles à la cotation et à la valorisation des titres de l'entreprise.

Questions à destination des acteurs des marchés financiers

Quelles sont les conditions d'une introduction réussie ?

M. Badara Niasse, responsable des opérations de marchés à ABCO Bourse, qui est une SGI en Afrique de l'Ouest, répond que pour une introduction en bourse la procédure suivante doit être suivie :

- Divulgation des infos financières,
- Le Cac certifie les comptes,

- Bonne phase de préparation au niveau de l'entreprise, travail au niveau des SGI, (là, on constate que certaines entreprises présentent plus d'attractivité que d'autres),
- Évaluation de l'entreprise (sur la base des analyses pour obtenir le prix d'émission),
- Communication financière avec les investisseurs

Quels sont les contraintes et les risques liés à cette cotation ?

M. Niasse précise ici que certaines entreprises demandent à quitter la BRVM (une extension de la bourse de la Côte d'Ivoire). Houphouët Boigné avait imposé à certaines entreprises ivoiriennes une introduction en bourse, raison pour laquelle certaines émettent l'idée de la quitter.

Nous noterons aussi que les performances des IPO en 2014 en France n'ont pas été flatteuses. Mais cela n'a pas empêché de constater que le marché des IPO s'est révélé très dynamique dans l'hexagone, bien que les marchés de titres aient quasiment tous chuté depuis leur premier cours de cotation.

Donc il semblerait qu'il faille retenir ici qu'une introduction en bourse doit être réalisée de façon volontaire et réfléchie, car certaines entreprises préfèrent rester familiales, pour conserver tout le contrôle de leur entreprise, d'autres sont réticentes quand il s'agit de divulgation des informations financières de leur entreprise.

Vérification : La complexité des procédures d'introduction en bourse, surtout sur le plan réglementaire, peut se justifier par une volonté de protéger les investisseurs et rendre dynamique la place boursière.

2. La codification claire des introductions, la création de différents compartiments du marché financier faciliteraient les IPO

Questions à destination des entreprises cotées ou en cours d'introduction

Pourquoi avez-vous choisi de vous faire coter dans ce marché ?

Vu que le marché de Casablanca est en plein essor, et qu'une introduction en bourse vise aussi à chercher des fonds. Selon certains directeurs des opérations, il faut une analyse pointue de la période la plus propice pour lever assez de fonds sur le marché. Concernant la liquidité du marché durant la période choisie pour démarrer la cotation, il faut alors retenir que la liquidité du marché influence beaucoup le choix du lieu de la cotation et la position géographique, étant donné qu'on peut dire que l'entreprise possède déjà une maîtrise ou une connaissance des exigences réglementaires, précise M. Badara Niasse de ABCO Bourse.

Questions à destination des acteurs des marchés financiers

Quels sont les avantages d'une introduction en Bourse africaine pour une Entreprise ?

- Les pro-entreprises : c'est-à-dire la capacité pour une entreprise de lever des fonds. Il s'agit donc d'un mode de financement différent des autres moyens de financement classiques (banques…). Et cela procure plus de notoriété aux entreprises, plus de visibilité sur le marché, une possibilité d'accroître le capital et une idée de la santé financière de l'entreprise.
- Les pro-actionnaires : il s'agit là d'accroître la liquidité, de vendre ses actions sur le marché et de faire des profits, de participer ou détenir des parts dans plusieurs entreprises en même temps.

On peut y ajouter, selon toujours Hugues, des inconvénients : comme une dilution du capital, un coût du contrôle, ce qui explique la réticence de plusieurs entreprises.

L'organisation actuelle des marchés financiers mondiaux facilite-t-elle les IPO ?

En Europe, par exemple, la question semble être déjà évacuée, ce qui explique la création de compartiments tels que Eurolist et Alternext, afin de permettre aux sociétés qui jugent lourde la procédure des IPO sur ce marché financier par rapport à leur poids et secteur d'activité d'avoir plus de facilités. La bourse de Casablanca avait aussi lancé un compartiment dédié aux PME dans l'optique toujours de simplifier le processus d'IPO aux entreprises. Alors pour conclure, oui, nous pouvons confirmer une réelle prise en compte de la réorganisation des marchés dans certaines zones du monde dans le but de faciliter aux entreprises leur cotation boursière.

Vérification : Les marchés financiers africains comme les autres ont compromis l'utilité et l'urgence de créer les conditions nécessaires afin de permettre aux entreprises de réussir leur cotation et atteindre la croissance visée. Mais cela n'a pas encore l'effet escompté sur la capitalisation boursière dans certaines zones.

3. L'intégration des marchés financiers peut participer à faciliter l'IPO pour les émetteurs et aussi l'harmonisation des procédures et critères d'admission à la cotation

Questions à destination des entreprises cotées ou en cours d'introduction

Pourquoi êtes-vous coté dans un marché financier intégré ?

Les analyses ont prouvé que la plupart des entreprises qui choisissent un marché intégré visent un dynamisme et une rapidité dans la levée de fonds, car selon des études ces marchés sont souvent plus liquides et il y a moins de contraintes réglementaires pouvant faire obstacle à la procédure. Sur le marché intégré de l'Euronext les performances observées des sociétés candidates à la cotation n'ont pas été à la hauteur des espérances de leurs initiateurs : sur une vingtaine d'entreprises cotées l'année dernière (2015), seuls les cours de Coface et quelques-unes ont progressé depuis le jour de leur introduction. Bien que des risques comme la conjoncture macro-économique au sein de l'euro sont à relever, cela n'a pas empêché d'observer des performances au début de la cotation.

Les activités internationales de l'entreprise candidate, les contextes financiers, réglementaires, du renouvellement et la gestion de ses partenaires expliqueraient le choix délibéré de se coter dans un marché intégré.

Y a-t-il, selon vous, une différence pour votre entreprise entre une cotation dans une place boursière locale et un marché intégré ?

Prendre le temps de la réflexion et de la comparaison des différentes places de cotation est important, il est bien plus complexe d'opérer un transfert ou de changer de place de cotation comme l'avait fait ABN-Amro en quittant les places boursières étrangères pour intégrer l'Euronext. Se coter sur un marché local a des avantages comme des inconvénients. Les risques sur une place boursière locale sont de l'ordre de la volatilité et de la liquidité. Aussi, il n'y aura pas de contraintes d'ordre comptable et réglementaire si l'entreprise est domiciliée dans cette même place, et elle fera moins face à un environnement concurrentiel sur une place boursière locale.

Questions à destination des acteurs des marchés financiers

En quoi une intégration des marchés apparaît-elle comme une solution pour booster les places boursières qui s'imposent difficilement sur le plan international ?

L'intégration des marchés financiers pourrait mieux convaincre les candidats à la cotation puisque les places boursières locales arrivent difficilement à attirer les entreprises. De plus, les performances de certaines bourses régionales semblent expliquer ce fait. M. Badara Niasse ajoute qu'une fusion des bourses ouest-africaines encouragerait davantage les marchés financiers africains. D'ailleurs, la BRVM songerait à fusionner avec les autres bourses africaines et ouest-africaines. La performance notée de la BRVM ces dernières années sur le continent a suscité l'idée, chez certaines places boursières locales comme la GSE (Ghana Stock Exchange), de rejoindre ou fusionner avec d'autres places ouest-africaines.

Quels sont les types d'entreprises qui s'introduisent dans les marchés intégrés ?

ABCO Bourse, qui est une société de gestion et d'intermédiation, a accompagné ces deux dernières années la cotation de sociétés des secteurs de la banque, de l'assurance, de l'énergie, nous affirme M. Niasse, responsable des opérations de marché. Les entreprises du secteur de financement (5 % des cotations), minier (4 % des cotations) et de pétrole et gaz (8 % des cotations) appartiennent à celles qui se sont le plus démarqué ces cinq dernières années sur le marché de Casablanca.

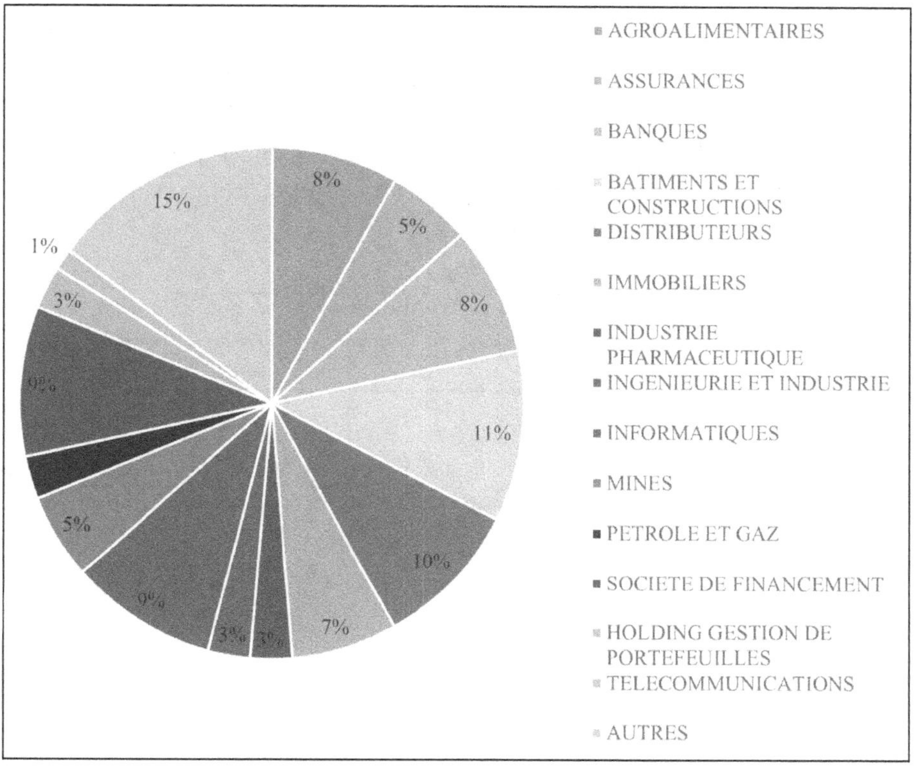

Source : Données casablancabourse.org

Comment se comportent les entreprises lors d'une cotation dans un marché financier intégré ?

M. Niasse, pour répondre à cette question, nous explique qu'il n'y a pas eu beaucoup d'introductions ces 3 ou 4 dernières années. Les chefs d'entreprise comprennent de plus en plus les enjeux d'une IPO, et une partie de la population commence à s'intéresser aux produits financiers.

À titre d'exemple, il nous parle de l'introduction de Coris Bank qui s'est faite en 5 heures (en 5 heures toutes les actions ont été vendues) et pour Total Sénégal (avec CGF Bourse) : en 2 heures toutes les actions se sont vendues, et là les montants ciblés étaient souvent dépassés ou atteints dès les premières heures.

Nous avons effectué une petite analyse des résultats et états financiers d'Air Liquide Côte d'Ivoire qui est une entreprise cotée à la BRVM depuis 1999. Il est aisé de constater selon lui que depuis la crise de 2008, l'entreprise présente une santé financière exemplaire avec un résultat financier assez remarquable et une trésorerie qui augmente de façon considérable, passant de 107 669 607 FCFA en 2011 (164 380 euros) à 394 649 944 FCFA (602 517 euros) en 2012.

Les deux tableaux suivants, qui sont le bilan et le résultat d'Air Liquide, pourront étayer les analyses.

ACTIF	VALEURS BRUTES	AMORTISSEMENT PROVISIONS	VALEURS NETTES 2011	EXERCICE PRECEDENT 2010	EXERCICE PRECEDENT 2009
IMMOBILISATIONS INCORPORELLES	80 000 000	0	80 000 000	80 000 000	80 000 000
IMMOBILISATIONS CORPORELLES	5 678 545 582	4 566 373 386	1 112 172 196	1 253 272 106	607 267 899
VALEURS IMMOBILISEES	**5 758 545 582**	**4 566 373 386**	**1 192 172 196**	**1 333 272 106**	**687 267 899**
IMMOBILISATIONS FINANCIERES	**41 254 649**	**0**	**41 254 649**	**37 919 752**	**38 135 833**
TOTAL ACTIF IMMOBILISE (I)	**5 799 800 231**	**4 566 373 386**	**1 233 426 845**	**1 371 191 858**	**725 403 732**
MARCHANDISES	1 273 049 680	144 401 161	1 128 648 519	1 238 495 075	1 248 286 188
MATIERES PREMIERES ET AUTRES APPROVISIONNEMENTS	1 014 162 059	60 843 938	953 318 121	899 615 773	833 158 649
EN - COURS	0	0	0	0	0
PRODUITS FABRIQUES	96 928 692		96 928 692	148 187 072	123 314 933
STOCKS	**2 384 140 431**	**205 245 099**	**2 178 895 332**	**2 286 297 920**	**2 204 759 770**
FOURNISSEURS, AVANCES VERSEES	123 858 316	16 495 782	107 362 534	24 554 576	0
CLIENTS	2 138 628 759	437 707 163	1 700 921 596	1 580 669 398	2 064 941 571
AUTRES CREANCES	375 381 919	26 333 183	349 048 736	100 662 781	195 714 814
CREANCES ET EMPLOIS ASSIMILES	**2 637 868 994**	**480 536 128**	**2 157 332 866**	**1 705 886 755**	**2 260 656 385**
TOTAL ACTIF CIRCULANT (II)	**5 022 009 425**	**685 781 227**	**4 336 228 198**	**3 992 184 675**	**4 465 416 155**
TOTAL TRESORERIE ACTIF (III)	**401 928 536**	**7 278 592**	**394 649 944**	**267 780 898**	**107 669 607**
TOTAL GENERAL (I+II+III)	**11 223 738 192**	**5 259 433 205**	**5 964 304 987**	**5 631 157 431**	**5 298 489 494**

Source : http://www.brvm.org

SIVOA

COMPTE DE RESULTATS AU 31 DECEMBRE 2011

F. CFA

	2 011	2 010	2 009
VENTES DE MARCHANDISES	1 377 139 374	1 952 762 279	1 986 326 630
VENTES DE PRODUITS FABRIQUES	2 905 463 724	2 967 404 745	3 425 169 532
SERVICES VENDUS	680 239 446	395 991 067	404 073 797
SOUS TOTAL	**4 962 842 544**	**5 316 158 091**	**5 816 569 959**
TRAVAUX VENDUS	0	0	0
PRODUITS ACCESSOIRES	0	0	0
AUTRES PRODUITS D'EXPLOITATION	398 684 907	889 262 218	395 359 544
S / TOTAL AUTRES PRODUITS D'EXPLOITATION	**398 684 907**	**889 262 218**	**395 359 544**
PRODUCTION STOCKEE (DESTOCKEE)	-51 258 380	24 872 139	-186 993 603
TOTAL DES PRODUITS D'EXPLOITATION	**5 310 269 071**	**6 230 292 448**	**6 024 935 900**
ACHATS CONSOMMES	1 578 043 050	1 844 698 160	2 058 549 385
TRANSPORTS ET DEPLACEMENTS	173 649 706	271 196 265	273 743 321
SERVICES EXTERIEURS	1 299 857 988	1 112 731 893	1 113 616 063
IMPÔTS ET TAXES	152 816 265	157 363 330	163 400 608
AUTRES CHARGES	141 869 077	621 293 314	429 856 192
CHARGES DE PERSONNEL	1 022 692 563	1 087 386 700	1 173 309 249
DOTATIONS AUX AMORTISSEMENTS ET AUX PROVISIONS	207 415 124	183 013 077	165 441 589
TOTAL DES CHARGES D'EXPLOITATION	**4 576 343 773**	**5 277 682 739**	**5 377 916 407**
RESULTAT D'EXPLOITATION	**733 925 298**	**952 609 709**	**647 019 493**
RESULTAT FINANCIER	**-63 941 245**	**-48 641 589**	**136 373 219**
RESULTAT HORS ACTIVITE ORDINAIRE	**61 152 873**	**1 200 000**	**-241 535 231**
RESULTAT AVANT IMPÔT	**731 136 926**	**905 168 120**	**541 857 481**
IMPÔTS SUR LE RESULTAT	218 699 648	128 197 598	146 995 110
RESULTAT NET	**512 437 278**	**776 970 522**	**394 862 371**

Source : http://www.brvm.org

Par contre, le constat diffère chez toutes les entreprises cotées sur le marché intégré. Ceci s'explique par un défaut de gestion au sein de l'entreprise après la crise ou après un Initial Public Offering, la gouvernance de l'entreprise peut ne pas suivre le rythme des exigences de la cotation et voit leurs titres baisser donc corollairement avec la rentabilité de l'entreprise.

Les performances post-IPO se sont avérées décevantes, à l'image de l'ensemble de l'Europe. 2014 aura été une année plus fructueuse que 2015 pour les introductions en Bourse (IPO) en France, plusieurs facteurs s'expliqueraient d'abord par une conjonction de l'offre et de la demande selon lui.

Vérification : La croissance remarquable de la BRVM inspire plusieurs places boursières à songer à d'éventuelles fusions avec d'autres places. Mais l'intégration des marchés financiers peut ne pas être le seul moyen pour faciliter les cotations et attirer plus de candidats. Car même si la BRVM apparaît comme un marché intégré en plein essor, il vient de loin derrière la JSE, la bourse d'Égypte et celle de Casablanca (illustrer dans le graphique ci-dessous). Donc, une harmonisation des normes contribuera aussi beaucoup à faciliter aux entreprises locales comme étrangères leur cotation sur ces places boursières en plein essor.

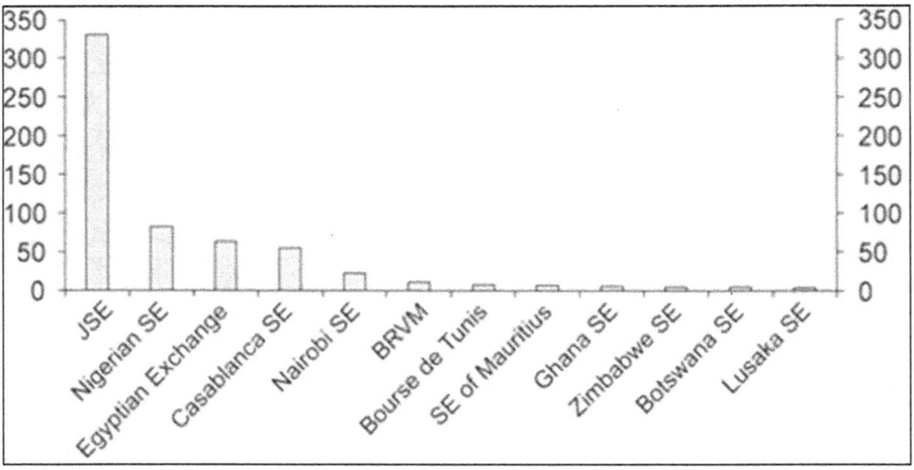

4. Les bons candidats à l'introduction en bourse n'auraient d'autres choix que de sous-évaluer leur prix d'introduction pour s'assurer de la participation des petits investisseurs

Questions à destination des entreprises cotées ou en cours d'introduction

Avez-vous pratiqué la sous-évaluation de vos titres pour votre IPO ?

La BOA (Bank of Africa) Sénégal est vue comme l'une des rares valeurs sous-évaluées à la BRVM lors de son entrée en 2014, dans le but d'attirer le maximum d'investisseurs appropriés au contexte économique de la zone ou région. Il nous explique qu'en constatant les comptes financiers de la banque sénégalaise, une valorisation moyenne de 37 000 FCFA (56 EUROS) en 2014, voire de 41 000 FCFA (62 EUROS) en 2015, paraît raisonnable. Et nous pouvons noter que lors de la cotation, les titres ont été évalués à 30 000 FCFA (46 EUROS). LIBSTAR, introduite il y a 2 ans à la Johannesburg Stock Exchange, n'a pas recouru à cette méthode de sous-évaluation, bien que cette méthode puisse occasionner un effet de suivisme qui verrait de trop nombreux acteurs se reporter sur ce titre, ce qui peut causer la surévaluation du titre trop tôt dès les premiers moments de la cotation, et alors freiner les futurs ou potentiels investisseurs qui estimeront payer le titre trop cher.

Visez-vous des investisseurs bien déterminés ou spécifiques lorsque vous vous introduisez en bourse ?

L'introduction en bourse de la BOA Sénégal montre que les entreprises souvent ne spécifient pas les investisseurs qu'ils comptent attirer. La cotation de cette banque se démarque par le fait que les particuliers ont été les premiers souscripteurs, soit 71,05 % des actions. Ensuite, il y a eu les acteurs institutionnels régionaux (18,4 %), les organismes de placement collectif en valeurs mobilières (OPCVM) qui ont souscrit à hauteur de 10,21 % et enfin des investisseurs hors UEMOA avec 4,88 % de l'offre publique de vente.

Le graphique suivant montre les performances boursières des filiales de la Bank of Africa (BOA Bénin, BOA Burkina Faso, BOA Niger, BOA Côte d'Ivoire et BOA Sénégal) et traduit un léger retard de la filiale sénégalaise par rapport aux autres, ceci s'explique par le fait qu'elle a été la dernière à se faire coter sur la place. La performance de ces entreprises est ainsi liée à leur cotation. On peut faire aussi ce constat chez les entreprises cotées dans les bourses européennes. (Annexe 2)

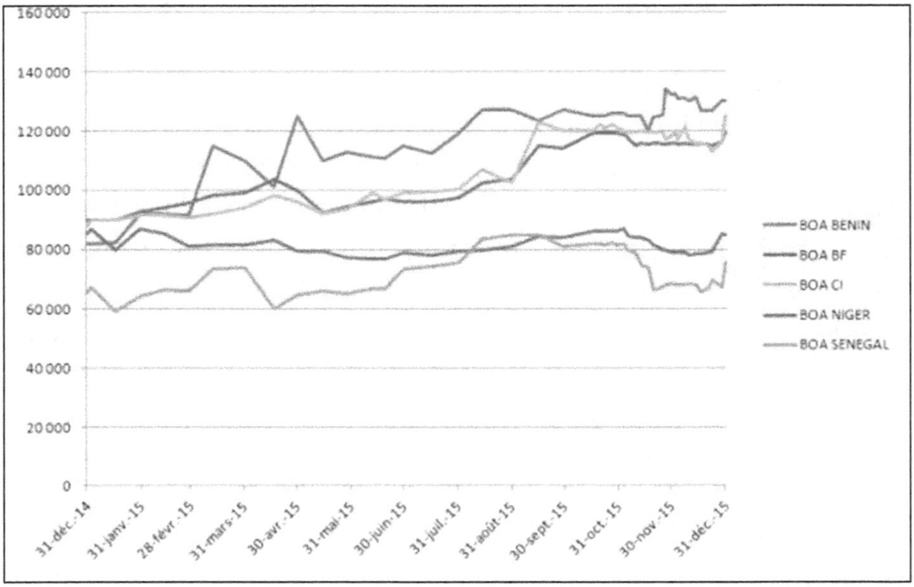

Source : http://www.brvm.org

Questions à destination des acteurs des marchés financiers

Comment les marchés financiers encadrent-ils la sous-évaluation des titres ?

La bourse de Casablanca est tenue d'étudier l'état d'évaluation des introductions en bourse, donc de pouvoir vérifier si les titres introduits ont été correctement évalués. Seul le marché demeure capable de juger l'évaluation des professionnels. Une fois toutes les informations relatives au titre introduit regroupées, le marché pourra déterminer la valeur réelle du titre, appelée la juste valeur selon l'organisation mondiale de la normalisation comptable. Et tout écart entre la juste valeur estimée par le marché et le prix d'offre déterminé par les professionnels permet de noter si l'entreprise est sous-évaluée, surévaluée ou correctement évaluée.

Y a-t-il des types d'entreprises spécifiques pour qui une sous-évaluation est nécessaire pour réussir un IPO ?

Selon M. Niasse de ABCO Bourse, les entreprises qui se situent dans des secteurs peu attirants ou qui **ne** sont pas trop développées en Afrique, notamment le secteur des industries. Pour convaincre les éventuels investisseurs dans un secteur qui n'est pas trop convoité, la sous-évaluation des titres pourrait permettre à l'entreprise de réussir son entrée en bourse. Les entreprises High Tech font souvent recours à cette sous-évaluation, bien qu'en Afrique du Sud comme en Afrique subsaharienne les banques et sociétés d'assurance pratiquent souvent cette sous-évaluation des titres pour réussir leur offre publique de vente.

Vérification : La sous-évaluation des titres semble ne pas avoir trop d'impact sur le choix des investisseurs lors d'une cotation dans certaines places boursières africaines, mais les candidats font recours néanmoins à celle-ci de plus en plus, d'où l'importance de la détermination de la valeur des titres par le marché dans le but de mieux encadrer l'introduction et protéger les potentiels investisseurs.

PARTIE 3

PRÉCONISATIONS, CONSÉQUENCES ÉCONOMIQUES DE LA COVID-19 ET NOTE FINALE

L'étude sur les Initial Public Offering comme levier de développement des entreprises nous a amenés à dégager et sortir quelques dysfonctionnements dans les places boursières africaines, bien que plusieurs avancées aient été notées ; ce qui d'ailleurs a valu à certaines places boursières une place dans les classements internationaux. Les multinationales ou leurs filiales, les fonds de placement s'intéressent de plus en plus à ces marchés financiers africains. Que cherchent-ils dans ces places boursières qu'ils ne trouvent pas dans les marchés financiers développés ? Comment ces places peuvent-elles se montrer plus compétitives et enregistrer plus de capitalisation ? Suite à mes recherches, les enquêtes sur le terrain et les analyses des différents acteurs, nous tenterons de dégager dans un premier temps quelques pistes de solutions pour les sociétés candidates à une introduction en bourse dans ces places boursières africaines. Et dans un second temps, nous présenterons quelques recommandations auxquelles les marchés financiers doivent tenir compte.

1. Esquisses de solutions pour les entreprises candidates à une cotation sur la place boursière africaine et permettre leur développement

Il ressort des recherches et entretiens que les procédures réglementaires, l'information financière et l'évaluation à juste valeur des titres de l'entreprise candidate reviennent toujours et constituent des éléments qui méritent de mûres réflexions dans l'optique d'harmoniser les normes dans ces places boursières afin que les grandes entreprises mondiales ou les entreprises locales ne trouvent pas la nécessité d'aller lever des fonds sur d'autres marchés financiers. Hormis les stratégies de base que mettent en œuvre les entreprises pour réussir une cotation (voir annexe 3), quelques points sont à approfondir et à mettre en exergue.

En ce qui concerne la gestion de l'information financière, selon moi, il est important pour l'entreprise de mener une campagne de communication sincère auprès des autorités du marché et des potentiels investisseurs, sans omettre des informations susceptibles de déprécier la valeur des titres juste lors des premiers mois de la cotation, comme ce fut le cas avec SPIE, société européenne qui œuvre dans les services de l'énergie et des communications, lors de l'échec de son IPO sur la bourse de Paris. Cette opération a été menée par des fonds.

Selon des experts et analystes des marchés, la cession d'actions par le management et l'objectif de désendettement de cette entrée sur le marché avaient donné des messages brouillés aux investisseurs, ce qui les a rendus réticents. Ils en ont déduit qu'il s'agit d'une opération entre des financiers qui cherchent de l'argent et des investisseurs qui veulent eux aussi gagner de l'argent, d'où l'importance de se montrer suffisamment transparent dans la communication financière lors d'un IPO. Nous jugeons que ceci peut être compréhensible dans un marché qui a atteint la maturité, mais sur les places boursières africaines, ces échecs de cotation présagent la dissuasion des futurs candidats à une IPO sur ces lieux. L'utilisation des systèmes d'information performants et certifiés paraît aussi importante afin d'assurer la traçabilité des données financières, telles que les progiciels comme MISYS et autre utilisés dans les banques d'investissement et sociétés de gestion européennes. On note d'ailleurs l'installation de MISYS au Maroc à Casablanca, pour gagner sa part dans ce marché des systèmes d'information. Cela n'empêche pas aux entreprises de recourir aux techniques et outils de gestion des informations financières locales, puisque les TIC (Techniques Informatiques et de Communication) sont assez développées dans ces pays qui abritent les places boursières africaines.

S'agissant de l'évaluation des titres, nous conseillons aux entreprises candidates de prévoir le pouvoir d'achat des particuliers de la zone où elles se feront coter. Comme les enquêtes l'ont montré, les particuliers s'intéressent de plus en plus aux placements ou investissements dans les marchés financiers, même si la tendance est encore timide. Donc, un prix à la cotation trop élevé peut dissuader beaucoup de potentiels investisseurs, la culture consistant à prendre des parts dans une entreprise qui lance une IPO n'étant pas encore développée dans ces pays. Il semblerait aussi intéressant que les entreprises ou autres acteurs parviennent à faire participer à ces IPO sur les places boursières africaines d'autres investisseurs ou particuliers du monde. Une communication structurée et intense est exigée afin de les rassurer quant aux risques de change et les risques politiques qu'engendrent ces pays ou certaines zones du continent.

Nous avons pu démontrer l'utilité et l'urgence d'harmoniser et de normaliser les places boursières africaines. Mais pour réussir une IPO sur ces places boursières, les entreprises doivent certainement se doter des services et conseils de certains cabinets et sociétés de gestion et d'intermédiation qui pourront les cadrer en ce qui concerne les lois et règlements locaux à respecter et à prendre en compte dans le processus de cotation. Même en Europe, beaucoup de cabinets sont créés dans l'optique d'accompagner les investisseurs européens dans leurs projets d'investisseurs dans ces places boursières africaines ou dans les secteurs en plein essor comme les TIC de l'énergie. Il semble clair que plus il y a d'acteurs ou de partenaires dans le processus d'IPO, plus le coût de la cotation sera élevé, mais c'est là où les entreprises doivent étudier judicieusement l'intérêt ou non de se faire coter dans des places en voie de développement où la maîtrise des obligations comptables et autres procédures est absente et où la liquidité n'est pas souvent aussi importante que les places boursières matures. Donc, le choix de se coter sur une place boursière africaine aujourd'hui doit demeurer un choix stratégique pour être présent dans une zone où il y a moins de concurrence et où elles peuvent lever le maximum de fonds dans le long terme avec un autre type d'investisseurs, souvent moins exigeants que ceux trouvés dans les zones développées. En sus, nous pouvons ajouter l'effet neuf des placements boursiers qui pourrait s'avérer bénéfique auprès des futurs candidats à une IPO dans les places boursières africaines. En effet, les taux d'épargne exacerbés que proposent les banques de détail et les autres services financiers tels que les mutuelles ont fini par décourager aussi bien les entreprises que les investisseurs particuliers qui ont alors recours à d'autres types d'épargne traditionnelle ou bien ne même pas affaire à l'épargne. Cela justifie le rôle important que doivent jouer les autorités, régulateurs de ces marchés et autres acteurs du marché afin de protéger les investisseurs et récupérer ces épargnes populaires pour maintenir le dynamisme dans lequel les marchés boursiers évoluent de nos jours.

2. Recommandations aux acteurs des marchés financiers pour booster les processus d'IPO

La même démarche s'impose aux bourses africaines en voie de développement, c'est-à-dire, un encadrement des informations qui y sont diffusées, des normes et procédures appliquées aux entreprises qui décident de s'y faire coter. Il y a aussi l'urgence d'avoir une place assez liquide afin d'attirer et de permettre aux entreprises de réussir leur cotation et se développer puisqu'il s'agit de l'objectif initial. Il est alors du ressort des acteurs de ces marchés d'en assurer la bonne marche afin d'éviter de constater, comme on a tendance à le voir, des entreprises basées en Afrique aller lever des fonds dans les marchés financiers européens ou américains pour des raisons diverses.

Ces bourses africaines sont tenues d'assurer l'organisation du marché boursier et la diffusion des informations boursières. Ces dites informations ont l'obligation de garantir la véracité et l'exhaustivité afin de rendre confiants aux investisseurs. Ceci permet aux places boursières de sauvegarder la notoriété de la bourse. Comme c'est démontré dans la revue littéraire, l'information est capitale dans un marché financier afin d'en assurer l'efficience. Étant donné que le contexte africain rend les investisseurs réticents quant à une rentabilité dans un investissement dans une entreprise cotée sur ces places boursières, la gestion de ces informations doit occuper une place prépondérante dans le management. La sécurisation de ces informations pour avoir des prix à juste valeur sur les marchés doit, selon nous, permettre d'atténuer la réticence des investisseurs quant à l'idée de participer aux processus des IPO sur les places boursières africaines. Donc en ce qui concerne la gestion des informations qui y sont divulguées, les marchés financiers, les entreprises candidates à la cotation et leurs partenaires doivent y jouer un rôle afin de rassurer les autres acteurs.

Nous avons pu voir lors de cette étude que beaucoup de bourses africaines ont mesuré les enjeux liés à la facilitation des cotations aux entreprises pour leur émergence ; ceci s'explique par la création de compartiments à la hauteur des possibilités qu'ont certaines entreprises à répondre aux exigences réglementaires des marchés financiers. Il nous semble que cela ne suffit pas pour se démarquer des concurrents qui eux aussi à leur niveau se sont adaptés aux besoins des entreprises pour leur faciliter l'introduction dans leur bourse. La solution à préconiser est plus d'implication des États afin d'alléger encore plus les procédures réglementaires tout en assurant une normalisation adéquate des marchés financiers et faire face à la concurrence étrangère. Donc, les différents États africains ont aussi un rôle à jouer dans ce processus consistant à attirer et faciliter les entreprises à la cotation sur ces places. Nous pouvons y ajouter que ceci permet à l'État d'augmenter les investissements et le développement des entreprises locales comme étrangères qui contribueront au PIB du pays et à la création d'emplois, ainsi qu'à la croissance économique du pays. Comme nous le constatons dans le graphique ci-dessous sur les grandes sociétés cotées dans le monde, seule l'Afrique du Sud est présente dans le classement. Ceci explique sur un plan le poids économique de l'Afrique du Sud qui fait partie des pays plus émergents.

FIGURE 3: THE WORLD'S LARGE LISTED COMPANIES BY HOME COUNTRY

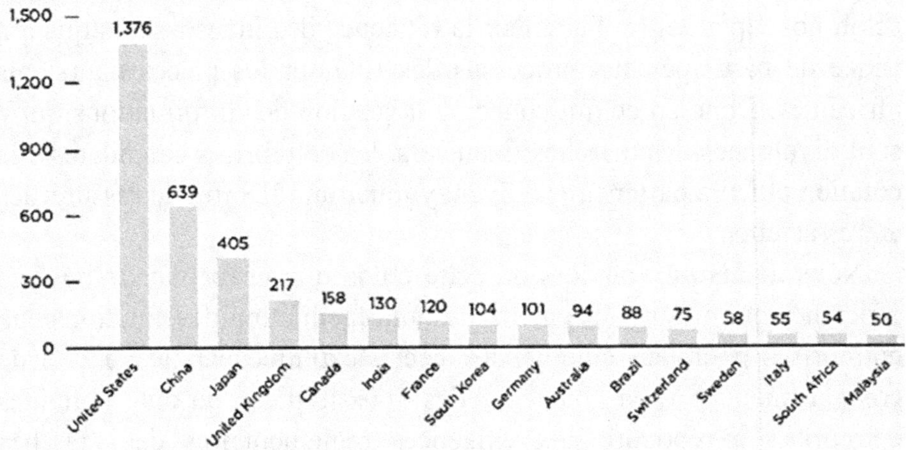

Source : https://www.african-markets.com/fr/bourse/jse

Pour réussir une intégration des marchés financiers mêmes, une revue des normes et règlements appliqués s'avère nécessaire pour faciliter une intégration entre par exemple la BRVM et l'Euronext, ou entre la bourse de Casablanca et celle d'Égypte. Les conditions du marché doivent se montrer favorables à l'entreprise puisqu'elle cherche à se développer en y levant des fonds. Et c'est dans le souci de réussir la cotation et d'être à la hauteur des exigences réglementaires que les entreprises s'encadrent d'un nombre non négligeable de partenaires, ce qui alourdit le coût de l'introduction et finit par entraîner un échec. Sur ce, nous pensons que les marchés financiers pourraient réduire la participation de nombreux acteurs souvent pas nécessaires dans le processus d'IPO.

Une introduction en bourse est effectuée par une entreprise dans le but de chercher un financement ailleurs que dans les banques. Cette alternative est utilisée, car l'entreprise est sûre de la capacité de financement du service vers lequel il s'oriente. Alors, lorsque les marchés financiers africains présentent un défaut de liquidités, cela peut être vu comme la première cause de dissuasion. La campagne consistant à rendre liquides les places boursières doit impliquer tant les acteurs du marché que l'État, étant donné que pour ce dernier la liquidité du marché financier lui est favorable, dans le sens où cela lui permettra de lancer des emprunts obligataires et financer de grands projets publics. Les réalités culturelles font que sur ce contient, de nombreuses personnes préfèrent conserver leur argent dans leur maison ou faire appel à des banques traditionnelles, appelées Tontines, convention intervenant entre plusieurs personnes mettant des biens ou des capitaux en commun avec cette particularité que les sommes versées, leurs produits ou les biens meubles ou immeubles auront été achetés à l'aide du capital9.

Pour pouvoir mettre la main sur ce grenier ou épargne populaire, les marchés financiers doivent mener des campagnes de communication comme le font les banques de détail, ce que nous ne voyons pas souvent dans ces pays. Car la plupart des gens méconnaissent l'existence des bourses. Pour attirer cette épargne du « secteur informel », il faut donc passer par l'éducation financière qui apparaît comme une piste vers l'inclusion financière.

Nous pouvons ajouter d'autres solutions telles qu'un développement de la confiance, puisque beaucoup d'Africains font très rarement recours aux services bancaires, pour leur épargne, leur investissement ou projets, ce qui explique les taux de bancarisation faibles dans certains pays du continent. Donc une approche de séduction doit être entreprise afin de les convaincre à prendre des parts dans les entreprises cotées et acheter des titres lorsque des emprunts obligataires sont lancés. Pour éviter des mésententes ou incompréhensions entre les souscripteurs (épargnants particuliers et professionnels) et les investisseurs (gestionnaires de l'épargne, intermédiaires et conseillers financiers), une formation financière des gestionnaires, conseillers et intermédiaires financiers semble nécessaire. Il s'agit là alors d'une préconisation d'ordre prioritaire.

À mon avis, ces démarches doivent être entreprises urgemment afin de maintenir le dynamisme sur lequel les marchés financiers africains sont et réduire au maximum les goulots d'étranglement à une cotation sur ces places boursières.

---

[9] Source : https://www.dictionnaire-juridique.com/definition/tontine.php ; une définition complète de ce qu'est la tontine, une finance africaine traditionnelle.

3. Perspectives

En un peu plus de vingt ans de fonctionnement, la Bourse Régionale des Valeurs Mobilières affiche un bilan plutôt positif. Elle a fait preuve de viabilité et a montré une capacité à développer progressivement ses activités. Ses détracteurs lui reprochent toutefois de progresser trop lentement et de souffrir encore d'importantes faiblesses de fonctionnement. Face à eux, les dirigeants de la BRVM affichent de fortes ambitions et une grande confiance dans l'avenir de l'institution.

C'est dans ce sens que la Bourse Régionale des Valeurs Mobilières a lancé, fin 2017, un troisième compartiment dédié aux Petites et Moyennes Entreprises et aux entreprises à fort potentiel de croissance. Cette avancée majeure pour le Marché Financier Régional de l'UEMOA vise à offrir aux PME un accès de capitaux à long terme en vue d'accélérer leur croissance, à apporter sa contribution à la problématique de financement des PME et d'en faire des références dans la sous-région. Cette perspective permet de satisfaire une des craintes des investisseurs, car les conditions à remplir pour l'admission à la cote s'avèrent moins complexes et plus accessibles aussi.

L'objectif de ce troisième compartiment est qu'il devienne, à long terme, un des leviers de la transformation économique des pays de l'Union Économique et Monétaire ouest-africaine en vue d'accélérer leur croissance en faisant émerger les compagnies nationales et régionales. Pour ce faire, il serait primordial que tous les États membres de l'UEMOA qui se partagent la Bourse Régionale des Valeurs Mobilières s'impliquent davantage dans la croissance du marché financier. Pour le moment, ce n'est pas le cas. À l'exception de l'État ivoirien, les autres États contribuent très peu à l'avancement du marché financier régional.

Cela se voit notamment par le peu d'entreprises nationales présentes à la cote.

Ces États doivent donc suivre l'exemple de la Côte d'Ivoire en cédant dans un premier temps des parts de plusieurs sociétés qu'ils détiennent puis en inculquant une culture boursière qui peut être fondamentale dans le développement de ces pays qui sont en voie de développement.

En plus de la mise en place d'un troisième compartiment, la BRVM a d'autres perspectives comme le lancement des « Diaspora Bonds » qui sont des obligations de la diaspora ayant pour but de financer les projets d'infrastructure de base ou de logement. Ce projet montre la bonne volonté de la BRVM à contribuer au développement des pays membres de l'UEMOA en s'impliquant dans les projets sociaux contribuant à la croissance économique. Cette démarche démontre le rôle de levier économique que joue la bourse. Même si elle se trouve au cœur de différentes crises dans le monde au fil des années, elle est aussi témoin du progrès de beaucoup de pays dans le monde.

De plus, la BRVM souhaite créer un Marché pour les ressources naturelles, notamment minières. Ce marché pourrait apporter un nouveau souffle à la Bourse Régionale, notamment avec les récentes découvertes de gisements de pétrole et de gaz naturel au large des côtes sénégalaises, pays membre de l'UEMOA. En effet, cela permettrait le développement des entreprises concernées dans un premier temps, mais aussi la création de nouvelles entreprises qui pourraient intégrer le troisième compartiment de la Bourse Régionale.

Ces projets de développement du Marché Régional ne peuvent par contre pas se réaliser si les acteurs du marché ne s'impliquent pas davantage. Ce manque de culture boursière apparaît aussi comme un frein dans la progression de la BRVM.

En ce qui concerne les investisseurs, la plupart sont des particuliers qui cherchent un moyen de fructifier leur capital et qui décident d'investir sur le marché financier par l'intermédiaire des SGI. On assiste alors à des opérations à caractère spéculatif, voire hasardeux. Malgré certaines conditions d'ouverture de comptes-titres, les investisseurs sont en mesure de sortir de position à tout moment sans contraintes.

L'idéal serait d'apporter des restrictions aux agents admis à investir pour éviter de possibles désillusions aux acteurs peu expérimentés comme c'était le cas avec SUCRIVOIRE quelques jours après son admission à la BRVM. Tout impact négatif qui serait lié à de telles opérations aurait des effets dévastateurs sur la confiance et projetterait la région dans des espaces de turbulences évités jusqu'à présent.

Pour les dirigeants d'entreprise, ce manque de culture boursière se traduit aussi par cette crainte de s'introduire en bourse. De leur côté, les autorités du Marché Régional ont pris des engagements afin de rendre la BRVM plus attractive. Une nouvelle réduction des coûts d'entrée et de présence sur le marché, toutes commissions incluses, a d'abord été réalisée pour que les émetteurs puissent donner une préférence au recours au marché financier, en particulier par rapport aux crédits bancaires dont les conditions s'adoucissent régulièrement sous la pression d'une compétition accrue entre banques et du très faible niveau des taux internationaux. Cette baisse des coûts permet d'autant plus l'augmentation conséquente d'opérations effectuées par les valeurs inscrites. Elle est avant tout la conséquence de choix politiques que la BRVM et les différents acteurs du marché doivent assumer pour justifier leurs ambitions.

Les patrons d'entreprise devraient donc avoir un peu plus confiance au marché boursier et mettre certains de leurs intérêts de côté afin de permettre à leurs entreprises d'obtenir d'autres moyens de financement que les emprunts bancaires.

Les directions déjà engagées par les autorités du Marché Régional sont pertinentes et pourraient être accentuées dans les meilleurs délais. Les procédures de sécurisation pourraient aussi se voir améliorées grâce à une diversification et en allégement de certains processus dans des secteurs stratégiques ou dans certains cas, en acceptant l'intervention des agences de notation pour plus de visibilité et de notoriété.

Le temps pris pour la réalisation des demandes d'émission obligataire, d'augmentation de capital, voire de nouvelle cotation est aussi une contrainte dans le développement du marché. Une rapidité de réaction pourrait, à ces demandes, donc convaincre les sociétés de la région de la performance du marché et des opportunités qui peuvent s'y présenter. Les instances de décision se doivent alors d'être efficientes, faute de quoi le marché ne pourra pas profiter des opportunités actuelles de croissance africaine.

Toutes les mesures énumérées plus haut apporteraient donc une attractivité financière et une meilleure organisation de la BRVM, stimulant dans ce sens l'intérêt des acteurs économiques de la région.

Les perspectives d'évolution de la BRVM devraient être en plus favorables pour les prochaines années malgré les handicaps liés au contexte dans lequel elle se trouve et aussi à la jeunesse de la place. Plusieurs raisons peuvent expliquer ces perspectives favorables.

La poursuite et le renforcement de la croissance économique de l'UEMOA sont un point essentiel de la vitalité et de l'expansion du marché financier. Sur ce plan, les hypothèses sont optimistes, avec un taux de croissance annuel escompté entre 6 et 7 %, qui s'accompagnent d'une nette amélioration de l'environnement des affaires et d'une meilleure efficacité des administrations qui transformeraient en profondeur les économies et les sociétés. La Bourse Régionale des Valeurs Mobilières de l'UEMOA, qui est jusqu'à présent une expérience unique au monde, serait bien placée dans cette perspective de développement qui lui donnerait plus de visibilité et son objectif d'entrer dans le groupe des cinq plus importantes places africaines serait sans doute plus que réalisable.

La dernière piste de progression de la BRVM réside dans l'élargissement de sa gamme de produits. La création de quelques SICAV ou FCP est encore insuffisante. L'idéal pour les autorités du Marché Régional consisterait à s'inspirer de ce qui a déjà été réalisé dans les pays plus en avance sur ce domaine, en l'occurrence le marché européen, américain ou même asiatique qui offrent de larges gammes de produits. L'avantage réside dans le fait qu'en s'inspirant de ces modèles réussites, les perspectives de croissance aussi bien pour la Bourse Régionale que pour les entreprises se feraient de façon concrète, tout en évitant aussi les erreurs ou certains événements qui ont pu mener aux différentes crises.

En un peu plus de vingt ans, la BRVM est apparue comme un marché fiable et profitable, aussi bien pour ses investisseurs que ses émetteurs. La fragilité de certaines caractéristiques et la nécessité d'une amélioration s'expliquent par sa jeunesse. Malgré cela, beaucoup d'expériences concrètes observées confirment les apports possibles que ce marché a déjà amenés. L'état d'esprit positif qui y règne et la volonté de progresser et d'aller le plus haut possible sont les meilleurs atouts de développement que le marché possède. L'Histoire des grandes places boursières dans le monde et le rang qu'elles occupent aujourd'hui montrent que, à côté des réussites éclatantes et des temps de facilité, chacune d'elle a subi aussi des moments difficiles et des jours d'échec. Et pour devenir l'instrument irremplaçable de financements de l'économie de l'Union, la BRVM doit s'inspirer de ces marchés qui ont su faire face à chaque instant d'imagination des acteurs, de soutien des Autorités, d'exploitation des opportunités et de vitesse de réaction. Ce sont ces éléments non moins négligeables qui la feront progresser et en même temps l'économie.

L'importance d'une monnaie d'échange unique forte

Les pays d'Afrique de l'Ouest (CEDEAO) se sont entendus pour adopter une monnaie unique. Un projet de remplacement de la monnaie unique, le franc CFA, est aujourd'hui en cours de réflexion. 15 États d'Afrique de l'Ouest (CEDEAO)[10] veulent remplacer cette monnaie et sept devises nationales par l'Eco, une monnaie unique qui facilitera les échanges entre ces pays. Depuis quelques années, ce projet en gestation verra probablement le jour en 2020.

L'Eco, le futur nom de cette monnaie, selon le célèbre magazine *Jeune Afrique*, aurait fait consensus lors du comité interministériel des ministres des Finances et des gouverneurs des banques centrales de la zone.

Cette monnaie devrait, selon des analystes financiers et économiques, faciliter les échanges et permettre au marché de change d'être flexible. Le dynamisme de ce marché de change ne peut être que positif pour les entreprises et autres acteurs des marchés financiers de la zone, d'où l'importance de l'intégration en même temps des marchés financiers traités dans ce livre.

---

[10] Les 15 pays africains concernés sont : Bénin, Burkina Faso, Cap-Vert, Côte-d'Ivoire, Gambie, Ghana, Guinée, Guinée-Bissau, Libéria, Mali, Niger, Nigeria, Sénégal, Sierra Leone et Togo.

Une opportunité pour les pays africains

La convergence macro-économique des 15 pays est très importante. Le respect du calendrier de mise en œuvre de la monnaie unique dépendra « des efforts » de chaque pays en la matière, a déclaré le président de la Commission de la CEDEAO, l'Ivoirien Jean-Claude Brou. Une devise unique « va apporter beaucoup aux économies africaines de cette zone ». Face à des marchés fragmentés, c'est une opportunité d'intégration qu'il faut saisir pour les pays africains. Étant donné que la croissance de la CEDEAO était attendue à 3,4 % en 2019, après 3 % en 2018.

Créée en 1975, la CEDEAO regroupe aujourd'hui 15 pays, totalisant 300 millions d'habitants, dont 180 millions pour le seul Nigeria, poids lourd démographique et économique de la zone, dont il représente environ 60 % du PIB. Cet espace financier représente un potentiel important de consommateurs et épargnants qui peuvent faciliter le développement de la finance de marché en même des entreprises locales ou étrangères qui y ont des activités.

La taille et la place de la sphère financière de cette zone : CEDEAO

Du point de vue financier, la CEDEAO, la largesse de son marché financier peut la rendre apte à attirer une importante épargne mondiale en recherche de zones de placements sûrs et diversifiés : l'objectif des épargnants consiste à diversifier les risques du portefeuille à placer. Ainsi, la création d'un marché financier intégré permettra d'attirer des épargnants de cette zone.

Les Agents à Capacité de Financement (ACF) peuvent trouver de nombreux placements (par exemple ailleurs que sur le seul marché français autrefois) par l'intermédiaire des banques et autres institutions financières, et ceux qui demandent ces capitaux (entreprises, États) appelés aussi Agents à Besoin de Financement (ABF) peuvent trouver aussi des épargnants plus nombreux que ceux trouvés dans l'espace financier où ils se trouvent. À titre d'exemple, des épargnants béninois financent le développement d'une entreprise malienne cotée à la bourse. De plus, les épargnants (ou les institutions financières qui gèrent leur épargne) peuvent plus facilement revendre les actifs financiers (actions, obligations par exemple) sur un tel marché où l'offre et la demande de tels actifs financiers, à savoir les actions ou obligations émises par les entreprises, États, sont plus importante.

Toutes ces spécificités soulignées du marché financier de la zone Eco normalement faciliteront l'arrivée de capitaux qui peuvent financer l'activité économique que ce soit l'activité productive des États, celle des entreprises locales comme étrangères, et la consommation des ménages.

L'objectif est de renverser la tendance, car il est clair que tout se passe comme si les pays émergents ou en voie de développement (exemple la Chine avec ses 300 millions de consommateurs rien que sur les sites de e-commerce) dégageaient une importante épargne qu'ils ne plaçaient pas dans leurs pays, mais dans les pays développés, les USA, mais aussi l'UE. Cette épargne étrangère, arrivant sur les marchés financiers et dans les banques, faciliterait le financement des dépenses de tous les agents économiques : États, entreprises, ménages. L'objectif est d'attirer le maximum d'épargnants et autres Agents à Capacité de Financement sur le marché financier africain. L'intégration financière mondiale avait uniquement pour fonction de favoriser la diversification des risques (au niveau mondial) dans les placements d'épargne.

Points importants pour une IPO réussie sur les places boursières émergentes :

1. La codification claire des introductions, la création de différents compartiments du marché financier faciliteraient les IPO.

Il s'agit là de voir :

- Quels sont les freins pour réussir cette introduction ou quels ont été les obstacles qui ont ralenti l'introduction d'une autre entreprise.
- Quels ont été les avantages d'une introduction dans un marché émergent pour une entreprise du même secteur d'activité.
- Comprendre l'organisation juridique et réglementaire actuelle des marchés financiers émergents

2. La stabilité politique et économique d'une zone est une des conditions sine qua non d'une bonne performance de place boursière.

- Mesurer l'impact du risque pays avant de traiter ou investir sur une action d'un pays émergent.
- Suivre les réformes et orientations politiques des pays émergents dans lesquels on compte investir (veille juridique et réglementaire).

3. La stratégie d'investissement par zone géographique plutôt que par pays serait la meilleure sur le marché des actions pour les fonds, entreprises ou banque d'investissement. (Annexe 3)

- Voir quelle stratégie utiliser pour investir dans des pays émergents (Global macro, even driven, long-short, etc.)
- Utiliser et prévoir des produits financiers de couverture sur ces types investissements.

4. Face à la maturité de certaines places boursières européennes et américaines, les marchés émergents attireraient plus d'investisseurs et présenteraient plus d'opportunités d'affaires.

Ce point incombe aux autorités des pays émergents de :

- Étudier comment ces marchés émergents peuvent attirer plus d'investissement et d'introduction en bourse
- Voir quelles difficultés majeures rencontrent les entreprises ou acteurs du marché dans ces places boursières et penser à des pistes d'améliorations pour plus de cotation.

4. Économie mondiale et santé : le protectionnisme sanitaire face au libéralisme (Covid-19)

La pandémie de COVID-19 aura un impact indescriptible, insupportable et dévastateur dans le monde. Elle plongera inéluctablement le monde dans une crise économique profonde. Aujourd'hui l'impact se sent déjà sur tous les plans : sanitaire, social, politique et financier.

La propagation du virus a touché les pays de plein fouet. Des conséquences désastreuses sur le plan économique sont inévitables surtout pour nos états africains qui sont tributaires des produits de base et d'échanges commerciaux pas suffisamment présents sur le commerce mondial. Les premières évaluations du Fonds monétaire international (FMI) sont assez alarmantes et symptomatiques : une économie mondiale qui est dans la récession, un ralentissement de la croissance mondiale accompagné d'une chute significative de la demande de produits de base africains comme le pétrole, le cacao, le café etc., sans compter la baisse importante des envois de fonds. L'Afrique, comme tous les états du monde, sont sur des démarches ou politiques d'urgence visant à sauver leur économie et limiter l'impact de cette pandémie. Ces mesures prises, frisent le protectionnisme sanitaire, économique et social. Il semble se poser un véritable dilemme pour ces états, qui avaient une politique économique et sociale très libérale. Nous constatons, que les mesures de lutte contre le covid-19, ont poussé ces états à fermer leur frontière, limiter leurs échanges internationaux sinon quasiment les stopper. Donc, des décisions qui sont en porte-à-faux avec les principes fondamentaux du libéralisme : libre échange, liberté de déplacement (confinement partiel ou total), liberté d'expression (pour éviter les « fake news », dans certains états la circulation des informations est passée au peigne fin) etc. Le protectionnisme sanitaire prend t-il le dessus sur le libéralisme ? Est-il en train de remettre en cause les principes du libéralisme, et par ricochet accentuera t-il la crainte et réticence des gens sur tout ce qui est bourse et finance internationale ? Présente-t-il le coronavirus comme le virus du libéralisme ? D'autant plus que beaucoup ont pointé d'un doigt accusateur la mondialisation, lui imputant la responsabilité d'avoir facilité la propagation du virus dans le monde.

Selon l'ancien ministre et écologiste Nicolas Hulot, intervenant sur France inter, cette crise sanitaire sera finalement une crise salutaire, qui poussera les états qui étaient à fond sur le libéralisme, à songer à un équilibre entre le protectionnisme et le néolibéralisme. Il assure « qu'on ne va pas cesser de commercer. On ne va pas cesser d'échanger mais qu'il va falloir relocaliser des chaînes de valeur entières et on ne va pas commercer à l'identique. On va arrêter d'avoir des produits qui arrivent en 24 heures du bout du monde avec les impacts écologiques et climatiques que l'on connaît ». Aujourd'hui, écologistes, protectionnistes, et autres semblent profiter de cette crise pour mettre en exergue les limites du libéralisme, et le présenter comme étant la locomotive de cette maladie dans le monde. Pour eux, le covid-19 signe l'échec du libéralisme.

Il ne s'agit nullement d'un choix à faire entre la santé et l'économie, étant donné que les deux sont corolairement liées mais aussi que des experts de la santé ont soutenu et justifié l'utilité de certaines mesures prises impactant directement la bonne marche de l'économie, juste dans le but de combattre efficacement cette pandémie. Il est aisé de noter que plusieurs études ont démontré que tous les pays touchés, notamment ceux de l'Afrique, ne pourront échapper aux répercussions néfastes sur le plan économique, répercussions liées à ces mesures de confinement. Ce que la Commission Economique pour l'Afrique (CEA) a traduit en ces mots : « un mois complet de verrouillage à travers l'Afrique coûterait au continent environ 2,5 % de son PIB annuel soit 65 milliards de dollars », et de l'autre coté la première puissance mondiale est elle à plus de 25 millions de chômeurs.

Bien qu'un nombre important de scientifiques et médecins ont loué l'efficacité du confinement, soit de plus de 3 milliards de personnes dans le monde, il est important de souligner que l'Iran qui fait partie des pays les plus fermés, n'a pas adopté les mêmes mesures, car selon eux le combat contre cette maladie appelle à une libre circulation des informations (bonnes informations), des marchandises tels que les masques, gels hydroalcooliques, la circulation aussi des scientifiques et acteurs de la médecine capables de venir en aide aux états les plus fragiles qui sont dans le besoin. Revenir, à des politiques autarciques, adopter le protectionnisme ne sauraient être la solution post covid-19. Pour rappel, après la crise de 2008, personne n'a réclamé le retour du protectionnisme, certains états ont même renforcé leur politique libérale. Sur la base de ces données assez alarmantes, il urge de trouver une alternative ou solution pour relancer les économies africaines, en soutenant les entreprises. Miser sur une bonne politique de l'investissement des particuliers et autres dans les bourses africaines, et permettre aux entreprises de se développer grâce aux importants fonds qu'elles peuvent y lever, est pour moi la bonne formule qui pourra booster les économies des Etats d'Afrique fortement touchés par cette crise sanitaire et économique mondiale.

Tous les états doivent par contre revoir l'hypermondialisation de la fragmentation des chaînes de valeur, la relocalisation de certaines tâches industrielles. Sachant que la fermeture de certaines frontières a créé d'innombrables problèmes d'approvisionnement dans des secteurs stratégiques, a fortement contribué à accélérer les prémices de cette crise économique mondiale, et est venue se rajouter aux conséquences de la crise sino-américaine ainsi que la récession qui était déjà attendue par beaucoup d'analystes financiers.

NOTE FINALE

Le continent africain attire beaucoup d'investissements étrangers ces dernières années. Étant le continent qui a été moins impacté par la crise de 2008, l'Afrique ne cesse de séduire les investisseurs étrangers qui s'y implantent de plus en plus, venus d'horizons divers (Chine, Russie, Amérique, etc.), et les secteurs les plus convoités sont ceux de la technologie, de l'industrie et de l'énergie. Cette attirance n'est pas seulement le fait des richesses dont regorge ce continent, mais aussi de plusieurs réformes entreprises par les différents États émergents comme ceux en voie de développement telles que la révision du code des investissements, la gestion économique et financière prudente du gouvernement, l'harmonisation de la réglementation régionale, les efforts pour combler le déficit en infrastructures et en énergie dans le but d'attirer au maximum les investissements étrangers. Cette tendance s'est reflétée aussi dans le climat des marchés financiers qui ont fait l'objet d'analyse dans une partie de cette étude réalisée sur l'importance des IPO pour le développement des entreprises. Au moment où les banques et autres services financiers du continent daignent à répondre aux demandes des entreprises pour leur besoin en financement, une tendance à se faire coter dans les bourses africaines a été observée depuis 2010. Il est clair qu'il ne s'agit nullement d'un délaissement des financements bancaires au profit des financements par le marché financier, mais c'est plutôt, pour certaines entreprises, une tentative de diversification des moyens de financement. Les banques comme les marchés financiers rencontrent les mêmes difficultés, à savoir posséder suffisamment de liquidités. La part importante des services bancaires, la faiblesse de l'épargne investie dans les bourses et le défaut de liquidités, la normalisation des marchés financiers doivent faire l'objet d'une analyse approfondie par les acteurs du marché.

Cette étude sur les Initial Public offering dans les marchés financiers africains nous a poussés à tenter de répondre à la question suivante : comment les conditions d'introduction en bourse peuvent-elles être respectées par les sociétés, sur les places boursières africaines ? À mon avis, les entreprises doivent bien étudier leur introduction dans ces places boursières pour éviter un échec prématuré dès les premiers moments de la cotation, car nous pouvons conclure que certaines conditions ne sont pas adéquates pour les grandes entreprises qui se trouvent dans des secteurs où le besoin en financement est grand (énergie, technologie, pharmaceutique, etc.), mais cela ne veut pas dire qu'une cotation ne doit être envisagée sur aucune place boursière africaine. Au contraire, la bourse de Johannesburg semble réunir les conditions nécessaires pour une bonne cotation des entreprises et pour leur assurer un développement, bien que le climat politique parfois instable dans cette zone puisse aussi être un bémol dans ces conditions.

Nous avons réalisé cette étude dans l'objectif de constituer un dossier qui peut montrer son utilité aux futures et potentielles entreprises candidates à une IPO sur les places boursières africaines. L'ensemble des préconisations soulignées dans ce dossier visent donc à orienter et alerter sur les enjeux du terrain, mais également sur la démarche stratégique par laquelle il faut s'y prendre afin de réussir une cotation sur les lieux. Mes connaissances théoriques, expériences et recherches sur l'évaluation financière d'entreprise, en finance de marché, en politique financière d'entreprise, ingénierie et communication financière, ainsi que celles acquises en ERP (l'utilité des systèmes d'information), en trading de change (FOREX) m'ont permis d'écrire ce livre et de pouvoir proposer des esquisses de solutions.

Après avoir étudié le marché financier de l'Union Économique et Monétaire ouest-africaine et de ses différentes composantes et développé le processus de cotation à la Bourse Régionale des Valeurs Mobilières, nous constatons que cette dernière possède les moyens afin de permettre aux entreprises qui s'y introduisent d'optimiser leur croissance.

En un peu plus de vingt ans de fonctionnement, elle affiche un bilan plutôt positif et elle a fait preuve de viabilité, tout en démontrant sa capacité à développer progressivement ses activités.

Les projets de développement du Marché Régional ne peuvent pas se réaliser si les acteurs du marché ne s'impliquent pas davantage. Les États membres doivent en premier lieu montrer l'exemple aux autres acteurs en s'impliquant davantage dans le processus de développement du marché afin de permettre aux entreprises d'avoir confiance.

La Bourse Régionale des Valeurs Mobilières de l'UEMOA, qui est jusqu'à présent une expérience unique au monde, serait bien placée dans une perspective de développement qui lui donnerait plus de visibilité, permettant d'attirer des investisseurs étrangers qui pourraient apporter un nouveau souffle à l'économie et satisfaire aussi son objectif d'entrer dans le groupe des cinq plus importantes places africaines.

Par contre, il est important de souligner que les pistes de solutions développées ne sont pas exhaustives, car comme l'ont souligné certains répondants, il y a véritablement une complexité et d'innombrables obstacles encore non pris en compte pour la création des conditions favorables à la cotation des entreprises sur ces places boursières.

BIBLIOGRAPHIE

FABIEN BERTHO : renforcer les systèmes financiers des pays d'Afrique subsaharienne pour financer le futur agenda pour le développement durable : Revue d'économie financière, décembre 2014 Volume N° 116, pages 81-96

La finance africaine en pleine mutation. Éditeur : Association d'Économie Financière. Collection : Revue de l'Association d'Économie Financière ISBN : 978-2-916920-73-3 368 pages – Parution : 01/2015

Boutheina Diouani de l'Université de Manouba, LIGUE1-ISCAE Tunis. Wafa Khlif de l'Université de Toulouse, Toulouse Business School – Barcelona : Comportement du dirigeant et décision de divulgation volontaire d'informations : cas du marché tunisien. Un article de la revue Management international, Volume 17, Numéro 4, Été, 2013, p. 34–49

PAOLA GRANATA, KATIE KIBUUKA et YIRA MASCARÓ : le coût du financement en Afrique : quelles politiques publiques pour réduire son coût et renforcer l'inclusion financière ?

La finance africaine en pleine mutation, 2014/4 (N° 116), Pages 121 – 150. Éditeur : Association d'Économie Financière. Collection : Revue de l'Association d'Économie Financière. ISBN : 978-2-916920-73-3. 368 pages – Parution : 01/2015

ENRIQUE GELBARD, ANNE-MARIE GULDE et RODOLFO MAINO : développement financier en Afrique subsaharienne : les enjeux pour une croissance soutenue. La finance africaine en pleine mutation, 2014/4 Volume N° 116, Pages 19-42 Association d'économie financière. Éditeur : Association d'Économie Financière. Collection : Revue de l'Association d'Économie Financière. ISBN : 978-2-916920-73-3 ; 368 pages – Parution : 01/2015

AMADOU N. R. SY : Afrique subsaharienne : tendances et évolutions au sein du marché des obligations souveraines internationales. La finance africaine en pleine mutation, 2014/4 Volume N° 116, Pages 151 – 164. Éditeur : Association d'Économie Financière. Collection : Revue de l'Association d'Économie Financière. ISBN : 978-2-916920-73-3. 368 pages – Parution : 01/2015

LUC RIGOUZZO : les fonds d'investissement : une source essentielle de capitaux à long terme pour les entreprises africaines. La finance africaine en pleine mutation, 2014/4 Volume N° 116, Pages 213 – 228. Éditeur : Association d'Économie Financière. Collection : Revue de l'Association d'Économie Financière. ISBN : 978-2-916920-73-3. 368 pages – Parution : 01/2015.

NABIL JEDLANE et DHAFER SAÏDANE : les systèmes financiers d'Afrique du nord : mutation contrastée et intégration hésitante. La finance africaine en pleine mutation, 2014/4 Volume N° 116, Pages 97 – 118. Éditeur : Association d'Économie Financière. Collection : Revue de l'Association d'Économie Financière. ISBN : 978-2-916920-73-3. 368 pages – Parution : 01/2015

Khalid BAKIR : bakir.khalid@caramail.com : L'efficience des marchés financiers des pays émergents : exemple de la bourse de Casablanca, Thèse de doctorat en science de gestion, finance soutenue en 2002, Université d'Orléans, laboratoire d'économie d'Orléans. African Stock Exchanges Association Year Book 2005.

Buch, C. (2001) « Financial Market Integration in a Monetary Union », document de travail de Kiel n. 1062. : Intégration financière en Afrique.

PATRICK RALEIGH : l'Afrique notée : le rôle de la notation dans le développement des marchés financiers africains. La finance africaine en pleine mutation, 2014/4 Volume N° 116, Pages 229 – 242. Éditeur : Association d'Économie Financière. Collection : Revue de l'Association d'Économie Financière. ISBN : 978-2-916920-73-3. 368 pages – Parution : 01/2015

Françoise Magnan-Marionnet, « Les émissions de titres de dette souveraine en zone Franc : évolutions, enjeux et principaux défis en UEMOA et dans la CEMAC », Techniques Financières et Développement 2016/2 (n° 123), p. 39-50.

Karim Dahou, Haibado Ismael Omar et Mike Pfister : Afrique, développer les marchés financiers pour la croissance et l'investissement ; Ce document de travail est diffusé en tant qu'élément de la documentation officielle pour la réunion ministérielle et la table ronde d'experts de l'initiative NEPAD-OCDE pour l'investissement en Afrique du 11-12 Novembre 2009.

Pierre Jacquet, Jean Paul Pollin, « Systèmes financiers et croissance », Revue d'économie financière 2012/2 (N° 106), p. 77-110. DOI 10.3917/ecofi.106.0077

Luc Rigouzzo, directeur général de Proparco, groupe agence française de développement : Les marchés financiers africains, véritable outil de développement, Numéro 5 – avril 2010

Dr. Marlize Elodie NGNIDJIO TSAPI, Enseignante-Assistante à la Faculté des Sciences Juridiques et Politiques, Université de Yaoundé II – Cameroun : Les méthodes de cotation dans les marchés boursier régionaux de l'Afrique subsaharienne : essai d'analyse juridique, publié le 4 septembre 2014.

Bertrand JACQUILLAT, L'Introduction en Bourse, 1989, Presses Universitaires de France

Sandy CAMPART et Jean-Marc MOULIN, L'introduction en bourse, 2015, Éditions Afnor

Rémy Le BAILLY, 10 Questions pour réussir son introduction en Bourse : Tout savoir sur les PME et ETI, 2013, Gualiano

Nicolas Charles Théophile BENGA, L'Introduction d'une Société à la Bourse Régionale des Valeurs Mobilières, 2009, Mémoire de fin d'étude

https://www.izf.net/upload/BRVM/indices.htm

http://www.paul-derreumaux.com/la-bourse-regionale-des-valeurs-mobilieres-dabidjan-interrogations-et-perspectives/

https://www.jeuneafrique.com/10142/economie/la-brvm-veut-remplir-sa-bourse/

https://www.monfinancier.com/le-marche-primaire-et-marche-secondaire-2176.html

https://www.edubourse.com/guide-bourse/condition-admission-bourse.php

http://www.crepmf.org/Wwwcrepmf/Emetteurs/checklist.aspx

https://www.frenchweb.fr/startups-15-avantages-et-risques-dune-entree-en-bourse/131957

https://www.mataf.net/fr/bourse/edu/formation-bourse/avantages-et-inconvenients-de-la-cotation-en-bourse

https://www.cairn.info/revue-francaise-de-gestion-2005-5-page-225.htm

http://brvm.org

http://www.crepmf.org

https://www.monfinancier.com/le-marche-primaire-et-marche-secondaire-2176.html

Webographie

- http://coface.com
- http://www.nse.com.ng
- http://www.imf.org
- http://www.lemoci.com
- http://www.finbase-uemoa.org
- http://www.lemondedukenya.com
- http://www.uemoa.int
- http://banquemondiale.com
- http://www.casablanca-bourse.com
- http://www.financialafrik.com
- http://www.gse.com.gh
- http://www.egx.com.eg
- http://www.nse.co.ke
- http://financialafrik.com/
- http://www.agenceecofin.com/
- https://www.banque-france.fr
- http://www.brvm.org/
- https://www.african-markets.com/fr/bourse/jse
- http://www.optionfinance.fr/
- https://www.bank-of-africa.net
- http://www.libstar.co.za
- http://www.africindustries.com
- http://www.total.sn/home.html
- https://www.jse.co.za
- www.bfmtv.com
- www.webclass.fr

ANNEXES

Annexe 1

▾ Démarche

La démarche est la suivante :

N°	Responsable	Actions/Diligences	Calendrier
1	EMETTEUR	Prendre la décision concernant l'introduction en bourse en Assemblée Générale Extraordinaire.	J-X
2	EMETTEUR	Choisir un Arrangeur pour la structuration de l'opération	J-X
3	Arrangeur / Chef de file du placement	Prendre contact avec le CREPMF pour les formalités relatives à la levée de fonds, au placement et à l'émission des titres sur le Marché Primaire : - Calibrage de l'opération ; - Collecte documentaire ; - Rédaction de la Note d'Information ; - Dépôt du dossier au CREPMF ; - Réalisation du placement sur le Marché Primaire après l'obtention du VISA du CREPMF ; - Rédaction et transmission du compte rendu de placement . - Demande d'émission des titres.	J-X
4	Arrangeur / Chef de file du placement	Prendre contact avec le DC/BR pour l'accomplissement des formalités relatives à l'inscription des titres émis dans les comptes du DC/BR	J-X
5	Arrangeur / Chef de file du placement	Prendre contact avec la BRVM pour l'accomplissement des formalités relatives à l'admission des titres à la cote : - Dépôt du dossier de demande d'admission à la cote ; - Choix du compartiment ; - Validation du symbole du titre à la cote, du calendrier de l'admission du budget et des diligences relatives à la cérémonie de première cotation.	J-Z **Au plus tard J-15**
6	BRVM	- Etablissement du calendrier l'opération ; - Publication au BOC d'un Avis informant le public des modalités pratiques de l'opération ; - Admission du titre à la cote.	J-11 J-10 J

▾ Conditions d'admission à la cote

Les conditions d'admission sur le compartiment des **actions** sont les suivantes :

Critères	1er compartiment	2e compartiment
Forme juridique	Société Anonyme	Société Anonyme
Capital social minimum	100 millions de FCFA	100 millions de FCFA
Capitalisation boursière	> 500 millions de FCFA	> 200 millions de FCFA
Période minimale d'activité	5 ans	2 ans
Historique de comptes certifiés	5 années	2 années
Marge Nette	3 % sur chacune des trois dernières années	Non requis
Diffusion minimale du capital dans le public **(Flottant)**	20 %	20 %
Diffusion de l'information financière	Evènementielle, trimestrielle, semestrielle, annuelle	

Les conditions d'admission sur le compartiment des **obligations** sont les suivantes :

Critères	Marché des obligations
Nombre Minimal de Titres à l'Emission	≥ 25 000 titres
Valeur Nominale de l'Emission	≥ 500 millions de F CFA
Période Minimale d'Activité	Non requis
Historique de Comptes Certifiés	Non requis
Marge nette sur Chiffre d'Affaires	Non requis
Evolution du Chiffre d'Affaires	Non requis
Convention d'animation du marché	Obligatoire
Dématérialisation des titres	Obligatoire
Garantie à apporter	- Notation Financière ; - A défaut d'une note supérieure à Investment grade, Garantie Financière

▾ Documents requis

Les documents suivants sont requis :

Liste des documents à fournir	**Marché des actions**		**Marché des obligations**	
	1er Comp.	2ème Comp.	Etats	Sociétés
Une Demande d'admission à la cote adressée à la BRVM	Requis	Requis	Requis	Requis
Une Lettre d'engagement de l'émetteur	Requis	Requis	Requis	Requis
Une Note d'information	Requis	Requis	Requis	Requis
Les Statuts et actes constitutifs de l'émetteur	Requis	Requis	Non Requis	Requis
Les Comptes Rendus certifiés conformes des AGO et AGE relatifs aux trois (3) derniers exercices	Requis	Requis	Non Requis	Non Requis
Historique de comptes certifiés	Cinq (5) années	Deux (2) années	Non requis	Non Requis
La Résolution de l'Assemblée Générale ou la Décision de l'instance ayant autorisé l'opération	Requis	Requis	Requis	Requis
Les Avantages stipulés au profit des Fondateurs, des Administrateurs et de toute autre personne	Requis	Requis	Non Requis	Non Requis
Le(s) Visa(s) du CREPMF	Requis	Requis	Requis	Requis
Une liste des Actionnaires ayant acquis ou souscrit des titres de l'émetteur dans les douze (12) mois précédant la demande d'admission et les conditions de réalisation des opérations	Requis	Requis	Non Requis	Non Requis
Une copie du contrat de placement, de prise ferme ou de garantie signé entre l'émetteur et la ou les SGI chargées d'assurer la diffusion des titres dans le public	Requis	Requis	Requis	Requis
Les projets de communiqués de presse, d'encarts et d'annonces publicitaires destinés à la presse écrite ainsi que toute autre information devant être diffusée dans le public, incluant, le cas échéant, les scripts ou textes d'annonces radiodiffusées ou télévisées	Requis	Requis	Requis	Requis
Six (6) exemplaires du dossier d'admission	Requis	Requis	Requis	Requis
Le Compte-rendu d'émission	Requis	Requis	Requis	Requis
Les logos de l'émetteur et de la SGI chef de file du placement	Requis	Requis	Requis	Requis
L'Avis d'Inscription des titres dans les livres du Dépositaire Central	Requis	Requis	Requis	Requis
La preuve du paiement des frais inhérents à la présence du titre à la cote	Non Requis	Non Requis	Requis	Requis

Obligations de diffusion de l'information permanente et périodique

Faire appel aux investisseurs implique en retour un certain nombre d'obligations de transparence pour les sociétés vis-à-vis du public et des investisseurs. Pour ce faire, les sociétés cotées doivent publier des informations périodiques et permanentes.

Information périodique

L'information périodique est l'information diffusée auprès du CREPMF et du public par les émetteurs à échéances régulières, notamment, sur une base trimestrielle, semestrielle ou annuelle conformément aux dispositions réglementaires du Marché Financier Régional ou de l'Acte Uniforme relatif au Droit des Sociétés.

Publications annuelles

Information	Délai de publication
Un tableau d'activités et de résultats ; le cas échéant, les mêmes documents que ceux désignés ci-dessus, dressés sous forme consolidée	Au plus tard le 31 mars de chaque année
les états financiers de synthèse (et éventuellement les états financiers de synthèse consolidés) provisoires non certifiés	Au plus tard le 30 avril de chaque année
le projet d'affectation du résultat	
les états financiers de synthèse (et éventuellement les états financiers de synthèse consolidés) certifiés et approuvés	Dans les 45 jours suivant l'approbation des Etats financiers par l'AGO ou l'AGE
la décision d'affectation du résultat	
les rapports (général et spécifique) des commissaires aux comptes	
le procès-verbal de chacune des AG ordinaires et extraordinaires	Dès leur rédaction
les états financiers annuels certifiés	
le rapport annuel de gestion	
La fiche de déclaration de la composition du capital	Au plus tard le 31 août de chaque année

Publications semestrielles

Information	Délai de publication
le rapport d'activité du premier semestre certifié par les commissaires aux comptes	Quatre mois après la fin du 1er semestre
les prévisions semestrielles de chiffre d'affaires et tendances de résultats	
L'attestation des commissaires aux comptes	
Le bilan semestriel du contrat de liquidité	

Publications trimestrielles

Information	Délai de publication
les principaux indicateurs (Chiffres d'Affaires, résultat net...) et un commentaire de la Direction de la société sur l'évolution de l'activité et les incidences probables sur les résultats	1 mois après la fin du 1er et du 3ème trimestre

DEVENEZ ACTIONNAIRE DE TOTAL SÉNÉGAL

Partageons les bénéfices de l'innovation

TOTAL SÉNÉGAL

BULLETIN DE SOUSCRIPTION

Je soussigné (e) Nom : .... Prénom(s) : ....

Date et lieu de naissance : ....

Résidence(1) : ☐ Sénégal ☐ UEMOA Hors Sénégal ☐ Autre

Lieu de souscription(1) : ☐ Sénégal ☐ UEMOA Hors Sénégal

Sexe : ☐ Masculin ☐ Féminin

Pièce d'identité(1) : ☐ CNI ☐ Passeport ☐ Autre

N° de la pièce : ....

Délivrée le : ....

Adresse postale : .... Localité : ....

Téléphone : .... Télécopie (Fax) : ....

Personnes Physiques

1 ☐ Fonctionnaire / Salarié du secteur public
2 ☐ Salarié du secteur privé
3 ☐ Commerçant et entrepreneur individuel
4 ☐ Profession libérale
5 ☐ Planteur / Exploitant rural
6 ☐ Agent des organismes internationaux
7 ☐ Autres

Désignation et adresse de l'employeur : ....

Téléphone : .... Fax : .... E-mail : ....

Personnes morales(1) ☐ Banque ☐ Société ☐ Cie d'Assurance ☐ OPCVM ☐ Org. de retraite/Prévoyance ☐ Autres

Agissant en qualité de : ....

Au nom et pour le compte de la personne morale désignée en dessous : ....

Dénomination : ....

Forme juridique : .... Capital social : ....

Adresse postale : .... Localité : .... Tél. : .... Fax : ....

Ayant pris connaissance des caractéristiques de l'offre publique de vente d'actions (OPV) de TOTAL Sénégal, je déclare souscrire, à titre réductible, à (nombres d'actions) .... actions au prix de 12 000 Fcfa chacune, soit au total (en chiffres) .... FCFA
(en lettres) .... FCFA.

Ces titres seront domiciliés auprès de la SGI ou de la BTCC ....

MOYEN DE PAIEMENT(1) ☐ Espèces (Borderau N°) .... ☐ Chèque n° .... ☐ Virement

J'autorise par la présente (nom de la banque / Etablissement Financier) .... à débiter mon compte N° .... d'un montant de FCFA .... en règlement de la présente souscription

Cachet de l'apporteur d'affaire

Cachet de l'organisme collecteur

Lieu : .... Date : ....

Signature(2) et cachet pour les personnes morales

(1) Cochez la case correspondante.
(2) Faites précéder de la mention "BON POUR ACHAT" de .... actions, soit .... FCFA.

Emetteur
TOTAL SÉNÉGAL

Arrangeur et Chef de file du placement
CGF BOURSE

OFFRE PUBLIQUE DE VENTES D'ACTIONS :

Nombre total d'actions en vente : **290 000 actions** – Valeur nominale de l'action : **1 000 Fcfa** – Prix de vente de l'action : **12 000 Fcfa** – Nombre minimum d'actions pour une souscription : **5 actions** – Montant nominal de l'OPV : **290 000 000 Fcfa** – Montant de l'opération : **3 480 000 000 Fcfa** – Emetteur : **Total Sénégal** www.total.sn – Arrangeur et chef de file : **CGF Bourse** Tél : 33 849 03 99 /cgfbourse@cgfbourse.com

Syndicat de placement

ACTIBOURSE - AFRICABOURSE - BIBE FINANCE & SECURITIES - SGI BENIN - CORIS BOURSE - SBIF - AFRICAINE DE BOURSE - ATLANTIQUE FINANCES - BICI BOURSE - BNI FINANCES - CITICORP SECURITIES WEST AFRICA - EDC INVESTMENT CORPORATION HUDSON & CIE NSIA FINANCES - PHOENIX CAPITAL MANAGEMENT - SOGEBOURSE SGI MALI - SGI NIGER - CGF BOURSE - IMPAXIS SECURITIES - SGI TOGO

Cette opération a été autorisée par le Conseil Régional de l'Épargne Publique et des Marchés Financiers (CREPMF) sous le visa N° OA/14-04

Feuillet du Chef de File

TOTAL
COMMITTED TO BETTER ENERGY

Annexe 2

Les conséquences d’une introduction en Bourse

Une opération d’introduction en Bourse présente des avantages mais induit également un certain nombre de contraintes.

Une fois cotée en Bourse, l’entreprise doit transmettre régulièrement à ses investisseurs (actuels et potentiels) un certain nombre d’informations sur sa situation financière (bilan, compte de résultat, etc.). Cette communication financière peut être réalisée au sein de la société ou par une agence de communication spécialisée. Dans tous les cas, le coût pour l’entreprise n’est pas négligeable. Par ailleurs, toute entreprise cotée s’expose au risque de marché et donc aux fluctuations des cours boursiers, à la hausse comme à la baisse, ce qui n’est pas sans conséquences pour l’entreprise.

Enfin, une introduction en Bourse n’est pas gratuite. En effet, elle fait intervenir un certain nombre d’intermédiaires (sociétés de conseils juridiques, agences de marketing et de communication, audit financier, société boursière, etc.) qu’il faut rémunérer. Le coût de l’IPO dépend notamment de la taille de l’entreprise et du marché choisi, mais on estime qu’il représente au total environ 5 à 7 % des montants levés. Ainsi, une entreprise souhaitant lever 10 millions d’euros devra débourser entre 500 000 € et 700 000 € pour s’introduire en Bourse. À ce coût, il faut ajouter la rémunération de la société de Bourse ayant mis en circulation les titres (entre 30 000 € et 35 000 € par an pour Alternext par exemple) et celle de l’agence assurant la communication financière de l’entreprise (entre 60 000 € et 150 000 € par an).

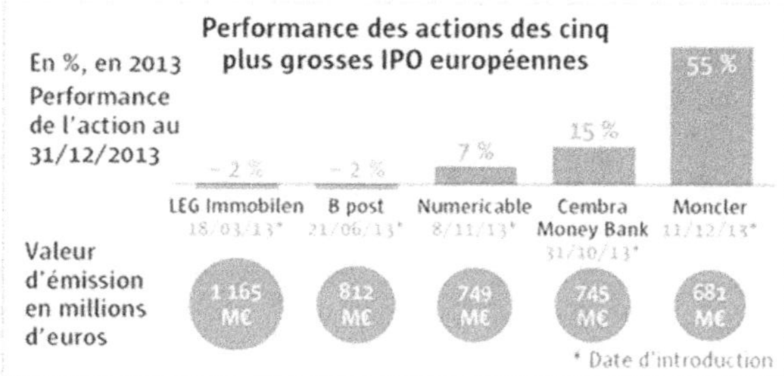

D’après le site lafinancepourtous.com

Annexe 3

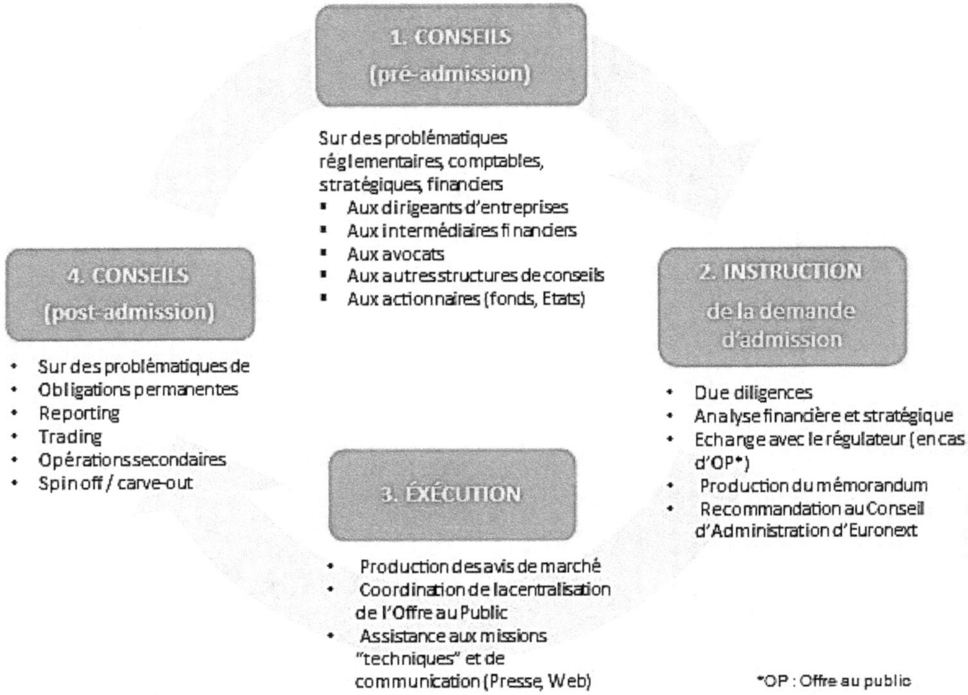
1. CONSEILS
(pré-admission)
Sur des problématiques réglementaires, comptables, stratégiques, financiers
Aux dirigeants d'entreprises
Aux intermédiaires financiers
Aux avocats
Aux autres structures de conseils
Aux actionnaires (fonds, Etats)
2. INSTRUCTION
de la demande d'admission
Due diligences
Analyse financière et stratégique
Echange avec le régulateur (en cas d'OP*)
Production du mémorandum
Recommandation au Conseil d'Administration d'Euronext
3. ÉXÉCUTION
Production des avis de marché
Coordination de la centralisation de l'Offre au Public
Assistance aux missions "techniques" et de communication (Presse, Web)
4. CONSEILS
(post-admission)
Sur des problématiques de
Obligations permanentes
Reporting
Trading
Opérations secondaires
Spin off / carve-out
*OP : Offre au public

Annexe 4

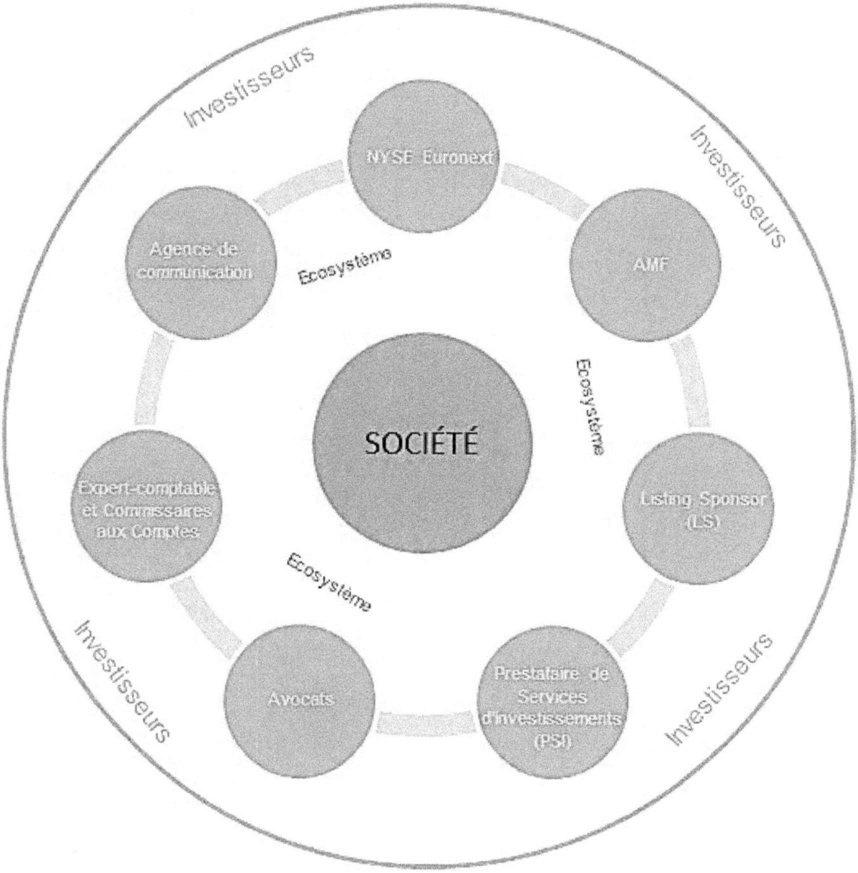
Investisseurs
Investisseurs
Investisseurs
Investisseurs
NYSE Euronext
Agence de communication
Ecosystème
AMF
Ecosystème
SOCIÉTÉ
Listing Sponsor (LS)
Expert-comptable et Commissaires aux Comptes
Ecosystème
Avocats
Prestataire de Services d'investissements (PSI)

Table des matières

Liste des sigles et abréviations 7

Préambule 9

Partie 1
Les Initial public offering (IPO)
pour un développement des entreprises africaines 13

1. Les introductions en bourse nécessitent
un formalisme précis dans un marché efficient 13

2. L'urgence d'améliorer les normes
dans les places boursières africaines 38

Partie 2
Enquête sur les Hypothèses de recherches
liées à la problématique soulignée 61

1. C'est un régime juridique et un degré de protection juridique
des actionnaires minoritaires qui peuvent développer les marchés
financiers et augmenter l'ampleur des introductions en bourse 66

2. La codification claire des introductions, la création de différents
compartiments du marché financier faciliteraient les IPO 67

3. L'intégration des marchés financiers peut participer à faciliter
l'IPO pour les émetteurs et aussi l'harmonisation des procédures
et critères d'admission à la cotation 69

4. Les bons candidats à l'introduction en bourse n'auraient
d'autres choix que de sous-évaluer leur prix d'introduction
pour s'assurer de la participation des petits investisseurs 75

Partie 3
Préconisations, conséquences économiques de la covid-19 et Note finale 79

1. Esquisses de solutions pour les entreprises candidates à une cotation sur la place boursière africaine et permettre leur développement 79

2. Recommandations aux acteurs des marchés financiers pour booster les processus d'IPO 82

3. Perspectives 86

4. Économie mondiale et santé : le protectionnisme sanitaire face au libéralisme (Covid-19) 93

Note finale 97

Bibliographie 101

Annexes 107

Structures éditoriales du groupe L'Harmattan

L'Harmattan Italie
Via degli Artisti, 15
10124 Torino
harmattan.italia@gmail.com

L'Harmattan Hongrie
Kossuth l. u. 14-16.
1053 Budapest
harmattan@harmattan.hu

L'Harmattan Sénégal
10 VDN en face Mermoz
BP 45034 Dakar-Fann
senharmattan@gmail.com

L'Harmattan Cameroun
TSINGA/FECAFOOT
BP 11486 Yaoundé
inkoukam@gmail.com

L'Harmattan Burkina Faso
Achille Somé – tengnule@hotmail.fr

L'Harmattan Guinée
Almamya, rue KA 028 OKB Agency
BP 3470 Conakry
harmattanguinee@yahoo.fr

L'Harmattan RDC
185, avenue Nyangwe
Commune de Lingwala – Kinshasa
matangilamusadila@yahoo.fr

L'Harmattan Congo
67, boulevard Denis-Sassou-N'Guesso
BP 2874 Brazzaville
harmattan.congo@yahoo.fr

L'Harmattan Mali
ACI 2000 - Immeuble Mgr Jean Marie Cisse
Bureau 10
BP 145 Bamako-Mali
mali@harmattan.fr

L'Harmattan Togo
Djidjole – Lomé
Maison Amela
face EPP BATOME
ddamela@aol.com

L'Harmattan Côte d'Ivoire
Résidence Karl – Cité des Arts
Abidjan-Cocody
03 BP 1588 Abidjan
espace_harmattan.ci@hotmail.fr

Nos librairies en France

Librairie internationale
16, rue des Écoles
75005 Paris
librairie.internationale@harmattan.fr
01 40 46 79 11
www.librairieharmattan.com

Librairie des savoirs
21, rue des Écoles
75005 Paris
librairie.sh@harmattan.fr
01 46 34 13 71
www.librairieharmattansh.com

Librairie Le Lucernaire
53, rue Notre-Dame-des-Champs
75006 Paris
librairie@lucernaire.fr
01 42 22 67 13

www.ingramcontent.com/pod-product-compliance
Lightning Source LLC
LaVergne TN
LVHW051403061026
849535LV00009B/3327
9782343232096